GUARDA
tu
CORAZÓN

*Lecciones sobre cómo mantener un corazón
puro en todas las etapas de la vida*

JOHN FLAVEL

Nos encanta oír de nuestros
lectores. Por favor, contáctenos por
www.anekopress.com/questions-comments si tiene
cualquier pregunta, comentario o sugerencia.

Aneko Press

www.anekopress.com

Aneko Press, Life Sentence Publishing y nuestros
logos son marcas registradas de

Life Sentence Publishing, Inc.
203 E. Birch Street
P.O. Box 652
Abbotsford, WI 54405

RELIGIÓN / Vida cristiana / Crecimiento espiritual

ISBN de tapa blanda: 979-8-88936-410-8

ISBN del libro electrónico: 979-8-88936-411-5

10   9   8   7   6   5   4   3   2   1

Disponible donde se venden libros

Contents

Con toda diligencia guarda tu corazón, porque de él brotan los manantiales de la vida (Proverbios 4:23).

El texto, explicado

Con toda diligencia guarda tu corazón,
porque de él brotan los manantiales de
la vida (Proverbios 4:23).

El corazón del hombre antes de que éste sea rege-
nerado es su peor parte, y acaba siendo la mejor
parte después. Es donde se asientan los principios, y
donde se originan las acciones. Los ojos de Dios están
mayormente enfocados en el corazón, y lo mismo
debieran hacer los ojos del cristiano.

La mayor dificultad en la conversión está en ganar
el corazón para Dios. Y la mayor dificultad después de
la conversión es mantener el corazón con Dios. Aquí
radica la fuerza misma, y el énfasis de la religión; aquí
está lo que hace que el camino a la vida sea un camino
angosto y la puerta del Cielo, una puerta angosta. En
esta gran obra el texto trata sobre la dirección y la
ayuda, donde tenemos:

- Una exhortación: *Con toda diligencia guarda tu corazón.*

- La razón o motivo que lo impone: *Porque de él brotan los manantiales de la vida.*

En la exhortación consideraremos:

- La cuestión del deber.

- La forma de realizarlo.

La cuestión del deber: *Guarda tu corazón.* En este caso, la palabra *corazón* no se refiere a la noble parte del cuerpo que los filósofos llaman "la primera que vive y la última que muere". Más bien, es una metáfora que a veces usa la Escritura y que representa alguna noble facultad particular del alma.

- En Romanos 1:21 se usa para el *entendimiento: su necio corazón,* es decir, su necio entendimiento, *fue entenebrecido.*

- En el Salmo 119:11 se usa para la *memoria: En mi corazón he atesorado tu palabra.*

- En 1 Juan 3:20 se usa para la *conciencia,* que incluye tanto la luz del entendimiento como los reconocimientos de la memoria: *en cualquier cosa en que nuestro corazón nos condene,* es decir, *nuestra conciencia,* cuya responsabilidad es condenar.

Pero en este texto debemos tomarlo de manera más general: para toda el alma, o el hombre interior. Lo que el corazón es para el cuerpo, lo es el alma para el hombre. Lo que la salud es al corazón, la santidad lo es al alma. El estado de todo el cuerpo depende de la solidez y el vigor del corazón, y el estado eterno de todo el hombre depende de la buena o mala actitud del alma.

Por "guardar el corazón" entendemos el uso *diligente* y *constante* de todos los medios santos para preservar el alma del pecado y mantener su dulce y libre comunión con Dios. Digo *constante*, porque la razón agregada en el texto extiende el deber a todos los estados y actitudes de la vida de un cristiano, y lo hace vinculante para todo momento. Si el corazón debe guardarse porque de él brotan los frutos de la vida, entonces mientras estos frutos de la vida fluyan de él estamos obligados a guardarlo.

Johann Kaspar Lavater[1] utiliza para el texto palabras que refieren a una guarnición sitiada, abrumada por muchos enemigos en el exterior y en peligro de ser traicionada por ciudadanos traidores en el interior, en cuyo peligro a los soldados se les ordena vigilar bajo pena de muerte si no lo hacen. Aunque la expresión *guarda tu corazón* parece decir que el trabajo es nuestro, eso no implica que tengamos capacidad suficiente como para hacerlo. Somos tan capaces de detener el curso del sol, o de hacer retroceder los ríos por nuestra propia voluntad y poder, como de gobernar y ordenar nuestros corazones. También podemos ser nuestros propios *salvadores* o nuestros propios *guardianes* y, sin embargo, Salomón habla con propiedad cuando dice *guarda tu corazón*, porque el deber es nuestro aunque el poder es de Dios. El poder que tengamos depende de la fuerza estimulante y asistencial de Cristo. La gracia dentro de nosotros está ligada a la gracia fuera de nosotros. *Porque separados de mí nada podéis hacer.* Hasta aquí la cuestión del deber.

---

1   Johann Kaspar Lavater, escritor, filósofo y teólogo suizo (1741-1801),

La forma de realizarlo es *con toda diligencia*. El texto hebreo es muy enfático: *guardar con todo lo posible*, o *guardar, guardar*, estableciendo una doble acción de guardar. Esta vehemencia de expresión con la que se insta al deber implica claramente lo difícil que es guardar nuestro corazón ¡y lo peligroso que es descuidarlo!

El motivo de este deber es muy contundente y de peso: *porque de él* [del corazón] *brotan los manantiales de la vida*. En otras palabras, el corazón es la fuente de todas las operaciones vitales; es la fuente y origen tanto del bien como del mal, así como el resorte de un reloj pone en movimiento todos los engranajes. El corazón es el tesoro; la mano y la lengua no son más que los talleres de trabajo. Lo que hay en estos proviene de aquello; la mano y la lengua siempre comienzan donde termina el corazón. El corazón concibe la idea, y los miembros ejecutan: *El hombre bueno, del buen tesoro de su corazón saca lo que es bueno; y el hombre malo, del mal tesoro saca lo que es malo; porque de la abundancia del corazón habla su boca*. Así pues, si el corazón yerra en su obra, los miembros deben abortar la suya. Porque los errores del corazón son como los errores del primer brebaje, que no se pueden corregir después. Son como el extravío e inversión de los sellos y letras en la imprenta, que tantos errores tipográficos debe provocar en todos los ejemplares que se imprimen. Oh, entonces, ¡qué importante es el deber contenido en la siguiente propuesta!:

PROPUESTA – Guardar y manejar correctamente el corazón en todos los aspectos es la gran tarea de la vida del cristiano.

Lo que el filósofo dice del agua se aplica adecuadamente

al corazón: es difícil de contener dentro de cualquier límite. Dios les ha puesto límites a nuestros corazones, pero ¿con qué frecuencia transgreden estos no solo los límites de la gracia y la religión, sino también los límites de la razón y la honestidad común? En ello el cristiano debe trabajar y velar hasta el día de su muerte. Lavarse las manos no hace al cristiano. Muchos hipócritas pueden mostrar una mano tan limpia como la suya. Es la purificación, la vigilancia y el correcto ordenamiento del corazón lo que hace al cristiano. Esto es lo que provoca tantas quejas de tristeza, y causa tantos gemidos y lágrimas profundas. Fue el orgullo del corazón de Ezequías lo que lo hizo postrarse en el polvo, lamentándose ante el Señor. Fue el temor a que la hipocresía le invadiera el corazón lo que hizo que David clamara: *Sea íntegro mi corazón en tus estatutos, para que no sea yo avergonzado.* Fue la triste experiencia que tuvo de las divisiones y distracciones de su propio corazón en el servicio a Dios lo que le hizo derramar la oración: *unifica mi corazón para que tema tu nombre.*

El método que propongo como mejora en la propuesta es este:

1. Preguntaré qué supone y significa guardar el corazón.

2. Asignaré varias razones por las cuales los cristianos deben hacer de esto una prioridad en sus vidas.

3. Señalaré las temporadas que requieren especialmente esta diligencia para guardar el corazón.

4. Aplicaré todo esto al corazón.

Deberes incluidos al guardar el corazón

Primero, consideraré lo que supone y significa guardar el corazón.

Guardar el corazón supone necesariamente una obra previa de regeneración que rectifica el corazón dándole una nueva inclinación espiritual. Si la gracia no *corrige* al corazón para que sea su marco habitual, no habrá esfuerzo que pueda *guardarlo en justicia* ante Dios. El yo es el manantial del corazón no renovado, que lo predispone y lo mueve en todos sus designios y acciones. Mientras uno mismo controle el corazón, es imposible que ningún medio externo pueda guardarlo en justicia ante Dios.

El hombre originalmente tenía una estructura de espíritu constante y uniforme, y mantenía un rumbo recto y regular. Ningún pensamiento o facultad estaba en desorden: su mente tenía un conocimiento perfecto de los requisitos de Dios, y su voluntad los cumplía perfectamente. Todos sus apetitos y poderes estaban en obediente subordinación a Dios.

El hombre, por la apostasía, se ha convertido en una criatura muy desordenada y rebelde, oponiéndose a su Creador como *causa primera* debido a la autodependencia; se opuso a Él como el *bien supremo*, debido al amor a sí mismo; se Le opuso como el *Señor supremo*, a causa de la voluntad propia, y se Le opone como último fin, debido al egoísmo. Por tanto, el hombre está bastante desordenado y todas sus acciones son irregulares.

Pero la regeneración repara el alma desordenada, siendo este gran cambio como lo expresa la Escritura, la renovación del alma a imagen de Dios, en la que la fe elimina la *autodependencia*, el amor de Dios elimina el *amor a sí mismo,* la *voluntad propia* se elimina mediante la sujeción y la obediencia a la voluntad de Dios y el *egoísmo* se elimina con la negación de sí mismo. El entendimiento oscurecido se ilumina, la voluntad rebelde se somete dulcemente y los apetitos de rebeldía se conquistan gradualmente. Así, el alma antes universalmente corrompida por el pecado será restaurada por la gracia.

Bajo esta presuposición no será difícil comprender lo que es guardar el corazón, que no es más que *el constante cuidado y diligencia del hombre renovado para conservar su alma en aquella santa estructura a la que ha sido elevada por la gracia.* Porque aunque la gracia ha rectificado en gran medida el alma y le ha dado un temperamento celestial habitual, el pecado a menudo la vuelve a descarrilar, de modo que incluso un corazón misericordioso es como un instrumento musical que, aunque esté exactamente afinado, algo pequeño lo vuelve a desafinar. Si se deja a un lado el instrumento por un tiempo será necesario afinarlo nuevamente antes de poder tocarlo. Si los corazones llenos de gracia están en un marco deseable en un aspecto, ¡pueden estar sombríos, muertos y desordenados en otro aspecto! Por tanto, cada aspecto necesita que se prepare al corazón de manera particular. *Si diriges bien tu corazón y extiendes a Él tu mano, si en tu mano hay iniquidad y la alejas de ti y no permites que la maldad more en tus tiendas, entonces, ciertamente levantarás tu rostro sin mancha, estarás firme y no temerás.*

Guardar el corazón, entonces, es protegerlo cuidadosamente del pecado que lo trastorna, y mantener esa estructura espiritual que lo prepara para una vida de comunión con Dios. Esto incluye seis formas específicas de cómo prepararse:

1. Se requiere una observación frecuente de la estructura del corazón. Las personas carnales y apegadas a las formas no prestan atención a esto; no se les puede obligar a deliberar con sus propios corazones. Hay algunas personas que han vivido cuarenta o cincuenta años y apenas han tenido una hora de conversación con su propio corazón. Es difícil reunir a un hombre consigo mismo para hacer esto. Pero los cristianos saben que esos soliloquios son muy beneficiosos. Los paganos podían decir: "El alma se hace sabia sentada en calma y silencio". Aunque los corazones en bancarrota no se preocupan por investigar sus cuentas, los corazones rectos sabrán si van hacia atrás, o hacia adelante. *En mi corazón meditaré,* dijo David. Jamás se podrá guardar el corazón hasta tanto se examine y comprenda su actitud.

2. Hace falta ver con profunda humillación los males y desórdenes del corazón. Así, Ezequías se humilló a causa de la soberbia de su corazón. Por lo tanto, se ordenó al pueblo que extendiera sus manos a Dios en oración, al darse cuenta de la plaga de sus propios corazones. Por esta razón, muchos corazones rectos han sido abatidos ante Dios. "¡Oh, qué corazón tengo!". Los cristianos en su confesión han señalado sus corazones, el lugar dolorido, y han dicho: "Señor, ¡aquí está la herida!". Con el corazón bien guardado ocurre como con el ojo: si una mota de polvo entra en el ojo, este no dejará de parpadear y lagrimear hasta que haya sido arrastrada por las lágrimas. De la misma manera, el corazón recto no puede descansar hasta que haya clamado por sus problemas y presentado sus falencias ante el Señor.

3. También se requiere la súplica ferviente y la oración instantánea pidiendo la gracia purificadora y rectificadora cuando el pecado ha contaminado y desordenado al corazón. *Absuélveme de los* [errores] *que me son ocultos. Unifica mi corazón para que tema tu nombre.* Los cristianos siempre han hecho muchas de esas peticiones ante el trono de la gracia de Dios. Esto es lo que más le ruegan a Dios. Cuando oran pidiendo misericordias externas, tal vez sus espíritus sean más negligentes; pero cuando se trata del caso del corazón extienden su espíritu al máximo, llenan su boca de argumentos, lloran y humildemente piden:

"¡Oh, un corazón mejor! Oh, un corazón para amar más a Dios, odiar más el pecado, caminar más apegados a Dios. ¡Señor! ¡No me niegues un corazón así, aunque me niegues otras cosas! ¡Dame un corazón para temerte, amarte y deleitarme en ti!". De un santo eminente se ha dicho que, cuando confesaba un pecado, nunca dejaba de confesar hasta sentir algún quebrantamiento de corazón por ese pecado, y cuando oraba por alguna misericordia espiritual, nunca se detenía hasta haber obtenido algo de esa misericordia.

4. Necesitamos imponernos la fuerte obligación de caminar más cuidadosamente con Dios y evitar situaciones donde el corazón pueda ser tentado a pecar. Los votos de buen consejo y deliberados son, en algunos casos, muy útiles para guardar el corazón contra algún pecado especial. *Hice un pacto con mis ojos*, dijo Job. Por este medio ha habido hombres devotos que refrenaron sus almas y se han preservado del pecado.

5. Hace falta una protección constante y santa de nuestro propio corazón. La autoprotección rápida es un excelente preservativo contra el pecado. Aquel que quiera guardar su corazón debe tener los ojos del alma despiertos y abiertos a todos los movimientos desordenados y tumultuosos de sus afectos. Si los afectos se desatan y las pasiones se agitan, el alma debe descubrirlas y reprimirlas antes de que surjan. "Oh, alma mía ¿en esto te ocupas bien? Pensamientos y pasiones míos, tumultuosos,

¿en qué han de ocuparse?". Feliz el hombre que siempre teme de esta manera. Es por este temor del Señor que los hombres resisten al mal, se sacuden la pereza y se preservan de la iniquidad. El que quiera guardar su corazón debe comer y beber con santo temor, regocijarse con santo temor y pasar todo el tiempo de su vida aquí con santo temor. Todo esto es poco para alejar el corazón del pecado.

6. Tenemos que reconocer la presencia de Dios con nosotros y poner siempre al Señor ante nosotros. Muchos han descubierto que este es un poderoso recurso para mantener rectos a sus corazones, alejados del pecado. Cuando el ojo de nuestra fe está fijo en el ojo de la omnisciencia de Dios, no nos atrevemos a entregar nuestros pensamientos y afectos a la vanidad. Job no se atrevió a permitir que su corazón cediera a un pensamiento vano e impuro. ¿Qué fue lo que lo impulsó a tener tanta cautela? Nos dice: *¿No ve Él mis caminos, y cuenta todos mis pasos?*

En detalles tan específicos como estos, las almas llenas de gracia expresan cómo cuidan sus corazones. Los guardan al evitar que se desate la corrupción en el momento de la tentación, cuidan de preservar la dulzura y el consuelo que han recibido de Dios en cualquier deber. Esta es la tarea, y de todas las obras religiosas es la más difícil, constante e importante.

1. Es la obra más dura. Guardar el corazón es realmente un trabajo duro. Repasar los deberes religiosos con un espíritu relajado y descuidado no

costará grandes esfuerzos. Pero ponerte delante del Señor y atar tus pensamientos vanos y alocados a una atención constante y en serio puesta en Él, esto sí nos costará. Es sencillo alcanzar facilidad y destreza en el lenguaje en la oración y expresar el significado en expresiones adecuadas y decentes. Pero que tu corazón sea quebrantado por el pecado mientras lo confiesas, que lo derrita la gracia gratuita mientras estás bendiciendo a Dios por ello, el estar realmente avergonzado y humillado por la comprensión sincera de la infinita santidad de Dios y mantener tu corazón en este marco, no solo durante el deber sino también después de él, eso seguramente te costará gemidos y dolores de alma. Reprimir los actos externos de pecado y componer la parte externa de tu vida de una manera loable no es gran cosa. Incluso las personas carnales pueden hacerlo a fuerza de principios comunes. Pero matar la raíz de la corrupción interior, establecer y mantener un control santo sobre los pensamientos, hacer que todas las cosas estén en línea y ordenadas en el corazón, eso sí que no es fácil.

2. Es una obra constante. Guardar el corazón es un trabajo que no termina hasta que se termina la vida. No hay momento ni actitud en la vida de un cristiano que permita la interrupción de esta obra. Es velar por nuestros corazones, como lo fue mantener en alto las manos de Moisés mientras Israel y Amalec peleaban. Tan pronto como las manos de Moisés se volvían pesadas y bajaban,

Amalec prevalecía. El no vigilar sus propios corazones por unos pocos minutos les costó a David y a Pedro muchos días y noches tristes.

3. Es la tarea más importante de la vida de un cristiano. Sin esto no somos más que formalistas en religión: todo lo que profesemos, los dones y los deberes no significan nada. *Dame, hijo mío, tu corazón* es el pedido de Dios. Dios se complace en llamar regalo a lo que en realidad es una deuda; pondrá este honor sobre la criatura, para recibirlo de ella a modo de regalo. Pero si el corazón no se Le da, no tendrá en cuenta nada más de lo que le traigas. Lo que hacemos para Dios tiene como valor lo que valga el corazón que en ello pongamos. Respecto al corazón, Dios parece decir como dijo José de Benjamín: *No veréis mi rostro si vuestro hermano no está con vosotros.* Entre los paganos, cuando se trozaba un animal para el sacrificio, lo primero que miraba el sacerdote era el corazón. Si el corazón estaba enfermo y no valía nada, ese sacrificio se rechazaba. Dios rechaza todos los deberes que Le ofrendemos sin corazón (por gloriosos que sean en otros aspectos). El que cumple un deber sin corazón, es decir sin atención, no es más aceptado por Dios que el que lo cumple con un corazón de doble faz, es decir hipócrita.

De este modo he considerado en resumen lo que supone y significa guardar el corazón.

Razones por las que esta debería ser la gran tarea de la vida

En segundo lugar, señalaré algunas razones por las que los cristianos deben hacer de esta la gran obra de sus vidas. La importancia y necesidad de hacer de esto nuestra gran tarea quedará en claro a partir de varias consideraciones:

1. La gloria de Dios tiene mucho que ver en ello. Los pecados del corazón son males que provocan mucho al Señor. Los pecados externos son pecados de gran infamia, pero los pecados del corazón son pecados de una culpa más profunda. ¡Con qué severidad ha declarado el gran Dios Su ira desde el Cielo contra la maldad del corazón!

El crimen por el que se acusa al viejo mundo es la maldad del corazón. *El Señor vio... que toda intención de los pensamientos de su corazón era solo hacer siempre el mal*, por lo que envió los juicios más terribles que jamás se hayan infligido desde el principio de los tiempos. No encontramos que sus asesinatos, adulterios y blasfemias (aunque fueron contaminados con ellos) fuesen acusaciones particularmente en contra de las personas, sino más bien, por la maldad de sus corazones.

Lo que provocó a Dios hasta el punto de entregar Su herencia especial en manos del enemigo fue la maldad de sus corazones. *Lava de maldad tu corazón, Jerusalén, para que seas salva. ¿Hasta cuándo morarán dentro de ti pensamientos perversos?* Dios prestó especial atención a la maldad y lo vano de sus pensamientos. Por eso los caldeos tuvieron que venir sobre ellos *como león entre las fieras de la selva... y [los] desgarra.*

Por el pecado de los pensamientos, Dios echó a los ángeles caídos del Cielo, y todavía los mantiene en cadenas eternas hasta el gran día del juicio. Esta expresión no indica de manera vaga algún juicio extraordinario que está reservado para ellos, como se puede suponer de los prisioneros a quienes se les colocan más grilletes y de quienes pensamos que son los peores delincuentes. ¿Cuál fue su pecado? La maldad espiritual. La mera maldad del corazón irrita tanto a Dios que por ella rechaza con indignación todas las obras de algunos hombres. Sus ofrendas no serán aceptadas. *El que mata un buey es como el que mata a un hombre, el que sacrifica un cordero como el que desnuca un perro, el que presenta ofrenda de cereal como el que ofrece sangre de cerdo, el que quema incienso como el que bendice a un ídolo.* ¿Con qué palabras podría el Dios Santo expresar más plenamente el aborrecimiento de las acciones de una criatura? El asesinato y la idolatría no son más viles que los sacrificios en su relato, aunque materialmente estos sacrificios son los que Él mismo ha designado. ¿Qué hizo que sus sacrificios fueran tan viles? Las siguientes palabras nos lo dicen: *su alma se deleita en sus abominaciones.*

Tal es la vileza de la mera maldad del corazón, que las Escrituras a veces señalan la dificultad de perdonarlos. El corazón de Simón el mago no era recto; tenía pensamientos detestables sobre Dios y las cosas de Dios. El apóstol le rogó: *arrepiéntete de esta tu maldad, y ruega al Señor que si es posible se te perdone el intento de tu corazón.* Oh, entonces, ¡nunca menosprecies las maldades del corazón! Porque agravian y provocan a Dios en gran medida. Por esta razón, todo cristiano ha de guardar su corazón con toda diligencia.

2. La sinceridad de nuestra profesión de fe depende mucho del cuidado que pongamos en guardar nuestro corazón. Ciertamente, el hombre que es descuidado con la actitud de su corazón no es más que un hipócrita en su profesión de fe, por muy religioso que parezca ser. Tenemos un ejemplo sorprendente de esto en la historia de Jehú. *Pero Jehú no se cuidó de andar en la ley del Señor, Dios de Israel, con todo su corazón.* El contexto da cuenta del gran servicio realizado por Jehú contra la casa de Acab y Baal, y también de la gran recompensa temporal que Dios le dio por ese servicio, incluso que sus hijos hasta la cuarta generación se sentaran en el trono de Israel. Sin embargo, en estas palabras se censura a Jehú como hipócrita. Aunque Dios aprobó y recompensó la obra, aun así aborreció y rechazó a la

persona que obró, por hipócrita. ¿Cuál fue la hipocresía de Jehú? No prestó atención a andar en los caminos del Señor con su corazón. Es decir, todo lo que hizo fue falso y egoísta. Aunque el trabajo que hizo fue materialmente bueno, como al hacerlo no purgó su corazón de esas indignas intenciones egoístas, fue hipócrita. Y aunque Simón el mago parecía ser una persona que el apóstol obviamente no podía rechazar, su hipocresía fue rápidamente descubierta. Aunque profesaba piedad y se asociaba con los cristianos, era ajeno a la vergüenza de los pecados del corazón. *Porque tu corazón no es recto delante de Dios.*

Es cierto que hay grandes diferencias entre los propios cristianos en su diligencia y destreza para trabajar sobre sus corazones. Algunos cristianos están más familiarizados con ello y tienen más éxito que otros. Pero el que no presta atención a su corazón, quien no tiene cuidado de mantenerlo recto ante Dios, no es más que un hipócrita. *Y vienen a ti como viene el pueblo, y se sientan delante de ti como pueblo mío, oyen tus palabras y no las hacen sino que siguen los deseos sensuales expresados por su boca, y sus corazones andan tras sus ganancias.* Aquí se habla de un grupo de hipócritas formales, como se desprende de la expresión "*como pueblo mío*"; eran como ellos, pero no eran de ellos. ¿Qué los hizo así? Por fuera eran justos; había posturas reverentes, alta profesión de fe, y un aparente deleite en las ordenanzas. *Y he aquí, tú eres para ellos como la canción de amor.* Sí, pero con todo eso no mantuvieron su corazón con Dios en esos deberes; sus corazones estaban gobernados por sus concupiscencias, iban tras su codicia. Si hubieran mantenido sus corazones con Dios todo habría ido bien, pero al no considerar hacia dónde iban sus corazones en cumplimiento del deber, ahí estaba la esencia de su hipocresía.

Si alguna persona recta pensara: "Yo también soy hipócrita porque mi corazón se aparta muchas veces de Dios. Hago lo que puedo, ¡pero no puedo mantener mi corazón con Dios!", respondo que la misma objeción conlleva su propia solución. Dices: "Hago lo que puedo, pero no puedo mantener mi corazón con Dios". Amigo, si haces lo que puedes, tienes la bendición de un corazón recto dado que Dios se complace en ayudarte bajo la aflicción de un corazón perturbado.

Podrá quedar algo de desenfreno en los pensamientos e ideas de los mejores cristianos como para que se humillen. Pero si reconoces qué cosas pueden tentarte y tratas de oponerte a ellas cuando llegan, y luego sientes pena y tristeza si cedes, tienes suficiente para librarte de la acusación de que te gobierna la hipocresía. Esta precaución se ve en parte al memorizar la Palabra en tu corazón para evitar esas cosas. *En mi corazón he atesorado tu palabra, para no pecar contra ti.* Puedes prevalecer en parte por tus esfuerzos al comprometer tu corazón a Dios, y en parte al pedir ayuda de Dios. Es una buena señal tomar tal precaución. Y es evidencia de rectitud oponerse a estos pecados cuando aparecen por primera vez. *Odio los pensamientos vanos. Porque el deseo de la carne es contra el Espíritu.* Tu dolor también revela la rectitud de tu corazón. Si junto con Ezequías te humillas por los males de tu corazón, no tienes motivo para cuestionar su integridad debido a esos desórdenes. Pero si permites que el pecado se aloje tranquilamente en tu corazón y dejas que tu corazón se aleje de Dios, como por hábito y sin control, ese es realmente un síntoma triste y peligroso.

3. La belleza de nuestra conversación surge de la actitud celestial de nuestro espíritu. Hay brillo y belleza espiritual en la conversación de los cristianos. *El justo es guía para su prójimo.* Los cristianos brillan como las luces del mundo. Pero el brillo y belleza que haya en sus vidas, provienen de la excelencia de sus espíritus como la vela que hace resplandecer al fanal en el que brilla. Es imposible que un corazón desordenado y descuidado pueda producir alguna vez una conversación bien ordenada. Dado que (como observa el texto) los flujos o corrientes de vida fluyen desde el corazón que es su fuente, debe inferirse que así como es el corazón, será la vida. Por tanto, 1 Pedro 2:11-12 dice: … *os abstengáis de las pasiones carnales…. Mantened una conducta irreprochable,* o hermosa, como lo transmite la palabra griega. Así dice Isaías 55:7: *Abandone el impío su camino, y el hombre inicuo sus pensamientos.* Aquí, *"su camino"* denota el curso de su vida y *"sus pensamientos"*, la actitud de su corazón. Por lo tanto, dado que el curso de la vida del impío y el inicuo fluye de sus pensamientos o de la actitud de su corazón, no abandonarán ni el camino ni los pensamientos.

El corazón es la fuente de todas las acciones. Estas acciones están virtual y radicalmente contenidas en nuestros pensamientos. Estos pensamientos se convierten en nuestros afectos o preferencias y rápidamente se manifiestan en las acciones que les corresponden. Si el corazón es malo, entonces, como dice Cristo: *Porque del corazón provienen malos pensamientos, homicidios, adulterios, fornicaciones, robos, falsos testimonios y calumnia.* Nota el orden: primero, pensamientos lascivos o vengativos, luego prácticas inmundas o asesinas. Y si el corazón es santo, entonces es como con David: *Rebosa en mi corazón un tema bueno... mi lengua es como pluma de escribiente muy ligero.* Aquí hay una vida ricamente embellecida con buenas obras: *Rebosa en mi corazón un tema bueno.* Todo procede de la actitud celestial del corazón. Pon tu corazón en la actitud adecuada y la vida pronto descubrirá que es así. No es muy difícil discernir, por la vida y el habla de los cristianos, qué actitudes tienen sus corazones. ¡Toma a un cristiano con una buena actitud y observa cuán serios, celestiales y provechosos son su vida y sus ejercicios piadosos! ¡Qué encantador compañero es al ejercer todo esto! A cualquiera le haría bien estar con él en un momento así.

La boca del justo profiere sabiduría y su lengua habla rectitud. La ley de su Dios está en su corazón. Cuando el corazón está con Dios y lleno de Dios, ¡con qué destreza surgirá el discurso espiritual, aprovechando cada ocasión y ventaja para algún propósito celestial! Desperdicia pocas palabras. ¿Cuál es la razón por la que los discursos y deberes de muchos cristianos son tan superficiales e inútiles, que su comunión tanto con Dios como entre sí es como un tallo seco? Es porque sus corazones están descuidados. Seguramente esta debe ser la razón. Es un mal que merece gran lamento.

Entonces, la belleza atrayente que irradiaba la conversación de los cristianos sobre los rostros y las conciencias del mundo (que, si no los atraía y enamoraba de los caminos de Dios, al menos dejaba un testimonio de la excelencia de esos hombres y sus caminos) se pierde mayormente para indescriptible perjuicio de la religión. Hubo un tiempo en que los cristianos se comportaban de una manera tan santa que el mundo se quedaba mirándolos. Su vida y su lengua eran de un estilo diferente a los de los demás; sus lenguas mostraban que eran *galileos* dondequiera que fuesen. Pero ahora, como las vanas especulaciones y las controversias infructuosas han ganado terreno, y el trabajo del corazón y la piedad práctica se descuidan tanto entre los que se autodenominan cristianos, lamentablemente ya no es ese el caso. Su conversación se ha vuelto como la de cualquier otro. Si estos cristianos se cruzan con vosotros ahora, podrán *escuchar a todos... hablar en su propia lengua.* Tengo pocas esperanzas de ver que este mal se corrija y se repare el crédito de la devoción hasta tanto los cristianos se pongan a tono con su tarea primera, es decir ¡hasta que se dediquen nuevamente al trabajo del corazón! Cuando la sal de la mentalidad celestial se eche en el manantial, los arroyos fluirán más claros y dulces.

4. El consuelo de nuestras almas depende mucho de que guardemos nuestros corazones. El que es negligente para atender a su propio corazón es, por lo general, alguien que desconoce en gran medida la certeza y los consuelos que tal cuidado ofrece. De

hecho, si fuera cierta la doctrina del antinomismo, que enseña que no hay leyes morales que Dios espera que obedezcamos ya que afirman que es el Espíritu quien inmediatamente te asegura el ser salvo al presenciar tu adopción directamente *sin que hagan falta las leyes morales de Dios*, entonces sí podrías ser descuidado con tu corazón; sí, podríamos ser ajenos a la ley, aunque no ajenos al consuelo. Pero tanto las Escrituras como la experiencia refutan esto, así que espero que nunca busques consuelo de esta manera contraria a la Biblia. No niego que es obra y oficio del Espíritu darte certeza y seguridad. Sin embargo, afirmo con confianza que si alguna vez alcanzas la certeza y seguridad en la forma en que Dios las otorga comúnmente, debes guardar tu corazón. Puedes esperar consuelos bajo términos más *fáciles*, pero no los disfrutarás en condiciones diferentes a lo que dicen las Escrituras: *en toda solicitud... para probar, por la solicitud de otros, también la sinceridad de vuestro amor.* Este es el método bíblico.

En su tratado sobre el pacto un distinguido escritor nos dice que conoció a un cristiano que, en la infancia de su cristianismo, anhelaba con tanta vehemencia las certezas infalibles del amor de Dios que durante mucho tiempo pidió con fervor oír una voz del Cielo; a veces incluso caminaba solo por los campos, escuchando atentamente para oír alguna voz milagrosa de los árboles y las piedras. Después de que muchas peticiones y anhelos le fueran negados, se le mostró la mejor y más común forma de escudriñar la Palabra y su propio corazón. De manera similar, otra persona erudita fue llevada por la tentación a los límites mismos de la desesperación. Finalmente, después de sentirse dulcemente calmado y confiado, alguien le preguntó cómo lo había conseguido. Él respondió: "No fue mediante ninguna revelación extraordinaria, sino sometiendo mi entendimiento a las Escrituras y comparando mi corazón con ellas".

El Espíritu, en efecto, nos asegura la salvación al ser testigo de nuestra adopción. Él testifica de dos maneras. Una es objetiva, es decir, produciendo aquellas gracias en nuestras almas que son las condiciones de la promesa. Entonces el Espíritu y sus gracias en nosotros son un todo. El espíritu de Dios que habita en nosotros es una señal de nuestra adopción. Ahora bien, el Espíritu se puede discernir, no en su esencia, sino en su obra en nosotros. Discernirla es discernir el Espíritu. No puedo imaginar cómo se puede discernir esto sin examinar en serio el corazón, sin vigilarlo con diligencia. La otra forma en que el Espíritu testifica es efectiva, es decir, iluminando el alma con una luz descubridora de la gracia que brilla sobre Su propia obra. Esta forma, por orden de naturaleza, sigue a la obra anterior. Primero infunde la gracia, y luego abre los ojos del corazón para verla. Ahora bien, dado que el corazón es el sujeto de esa gracia que infundió en nosotros, incluso esta forma en que testifica el Espíritu trae aparejada la necesidad de guardar cuidadosamente nuestros propios corazones.

Un corazón descuidado está tan confuso y oscuro que la pequeña cantidad de gracia que hay en él normalmente no se puede discernir. A los cristianos más precisos y laboriosos a veces les resulta difícil descubrir las obras puras y genuinas del Espíritu en sus corazones. ¿Cómo puede entonces descubrir esa gracia el cristiano negligente en cuanto la tarea de guardar el corazón? La sinceridad, que es lo que se busca, yace en el corazón como un pedacito de oro en el fondo de un río. Quien quiera encontrarlo debe quedarse hasta que el agua esté clara, y entonces lo verá brillar en el fondo. ¡Para que el corazón esté claro y tranquilo se requiere mucho trabajo, vigilancia, cuidado y diligencia!

Además, Dios no suele complacer a las almas negligentes dándoles el consuelo de la certeza y seguridad. Ni siquiera hará algo que parezca apoyar la pereza y el descuido. Él dará certeza y seguridad, pero será a Su manera. Su mandato ha unido nuestro cuidado con Su consuelo. Se equivocan quienes piensan que se puede obtener certeza y seguridad sin hacer nada. ¡Ah! ¡Cuántas horas solitarias ha pasado el pueblo de Dios examinando su corazón! ¡Cuántas veces han mirado la Palabra y luego el corazón! A veces creían haber descubierto la sinceridad, e incluso estaban dispuestos a llegar a la conclusión triunfante de la certeza y seguridad. Pero entonces surge una duda que no pueden resolver, y lo destruye todo. Han tenido muchas esperanzas y temores, dudas y razonamientos en sus propios corazones antes de llegar a una conclusión que les reconforte. Pero supongamos que fuera posible que un cristiano negligente con su corazón alcanzara certeza y seguridad de salvación. Es imposible para él retenerla por mucho tiempo, porque hay uno en mil corazones llenos del gozo de la seguridad que pueden aferrarse a tal gozo, a menos que se ponga un cuidado

extraordinario. Un poco de orgullo, vanidad o descuido destrozarán todo aquello por lo que han estado
esforzándose durante mucho tiempo. Por lo tanto, el
gozo de nuestras vidas, el consuelo de nuestras almas,
crece y disminuye según sea nuestra diligencia en este
trabajo de guardar nuestro corazón con todo esmero.

5. La buena salud de las gracias recibidas depende de
que guardemos nuestro corazón. Nunca escuché de un
caso en que la gracia prosperara en un alma descuidada.
Los hábitos y raíces de la gracia están plantados en el
corazón. Cuanto más profundamente están arraigados
allí, más florece la gracia. En Efesios 3:17 leemos acerca
de estar *arraigados* en el amor o la gracia. La gracia en
el corazón es la raíz de toda palabra de gracia en la boca
y de toda obra santa en la mano. Es verdad, Cristo es la
raíz del cristiano; pero Cristo es la raíz originaria y la
gracia es una raíz plantada y alimentada por Cristo. Por
consiguiente, a medida que prospera bajo las influencias
divinas los actos de gracia son más, o menos, fructí-
feros o vigorosos. Ahora bien, en un corazón que no
se guarda con cuidado y diligencia, estas influencias
que dan poder se ven detenidas, interrumpidas, y
multitudes de vanidades irrumpen en él y devoran su
fuerza. El corazón es, por así decirlo, el recinto en el
que se alimentan cada día multitud de pensamientos.
Un corazón misericordioso, guardado con diligencia,
alimenta muchos pensamientos preciosos de Dios en
un día. *¡Cuán preciosos también son para mí, oh Dios,
tus pensamientos! ¡Cuán inmensa es la suma de ellos! Si
los contara, serían más que la arena; al despertar aún*

estoy contigo. Y así como el corazón misericordioso los nutre, a su vez refrescan y alimentan el corazón. *Como con médula y grosura está saciada mi alma... Cuando en mi lecho me acuerdo de ti, en ti medito durante las vigilias de la noche.*

Pero en el corazón que se ha descuidado actúan perpetuamente multitudes de pensamientos vanos y necios. Expulsan esos pensamientos espirituales de Dios mediante los cuales el alma debe refrescarse. Además, el corazón descuidado no aprovecha ningún deber que realiza u ordenanza en la que se concentra y, sin embargo estos son los conductos del Cielo por los cuales la gracia se riega y se hace fructífera. Un hombre puede ir con espíritu negligente de regla en regla, vivir todos sus días bajo la mejor enseñanza y, sin embargo, nunca ver mejora alguna; porque la negligencia con respecto al corazón es una fuga en el fondo del barril. No hay influencias celestiales, por ricas que sean, que moren en un alma como esa. Cuando la semilla cae sobre el corazón que está abierto y disponible como la carretera, con libre acceso para todos los pasajeros, los pájaros vienen y la devoran. Lamentablemente, no basta con oír, a menos que tengamos cuidado de cómo oímos; un hombre puede orar y nunca mejorar a menos que cuide cómo ora. En una palabra, todos los medios son benditos para el mejoramiento de la gracia, según el cuidado y rigor que ponemos en guardar nuestro corazón en ellos.

6. La estabilidad de nuestra alma en la hora de la tentación depende del cuidado que tengamos en guardar nuestro corazón. El corazón que se descuida es presa

fácil de Satanás en la hora de la tentación. Las principales baterías de Satanás se levantan contra el corazón. Si Satanás gana el corazón, lo gana todo, porque el corazón gobierna a todo el hombre. ¡Ay! ¡Qué fácil es conquistar un corazón abandonado! Es tan fácil tomar por sorpresa un corazón así como lo es que un enemigo entre en una ciudad cuyas puertas están abiertas y sin vigilancia. Es el corazón vigilante el que descubre y reprime la tentación antes de que se fortalezca.

Los predicadores observan que este es el método mediante el cual las tentaciones maduran y alcanzan su máxima fuerza. Ese es el poder que tiene la tentación de provocar nuestra naturaleza corrupta, y lo hace mediante la presencia real del objeto o bien mediante la especulación, cuando el objeto (aunque ausente) se presenta ante el alma por medio de la imaginación. Luego sigue la acción del apetito, provocado por la imaginación que lo representa como un bien sensual. Luego hay una consulta en la mente sobre la mejor manera de lograrlo. A esto le sigue la elección que efectúa la voluntad. Y finalmente, el deseo o el pleno compromiso de la voluntad con ello. Todo esto se puede hacer en unos minutos, porque los debates del alma son rápidos y se resuelven pronto. Cuando se llega a este punto, el corazón ya ha sido ganado por Satanás, que ha entrado victorioso y desplegado sus colores en los muros de aquella fortaleza real. Pero si el corazón hubiera estado bien guardado desde el principio, nunca se habría llegado a esto. La tentación se habría detenido en la primera o segunda etapa. Y sí, allí se detiene fácilmente porque está en movimiento en un alma tentada a pecar, tal como lo es el movimiento de una piedra que cae rodando desde lo alto de un cerro; al principio se detiene fácilmente, pero una vez puesta en movimiento va adquiriendo fuerza a medida que desciende. Por lo tanto, la mayor sabiduría está en observar los primeros movimientos del corazón para controlar y detener el pecado allí. Las fuerzas del pecado son más débiles al principio. Un poco de cuidado y vigilancia en ese momento puede evitar muchos problemas. Pero el corazón que se ha descuidado y que no presta atención a esto queda bajo el poder de la tentación como los sirios que, cegados, fueron llevados a Samaria antes de que supieran dónde estaban.

Espero que estas consideraciones satisfagan a mis lectores para comprender que es importante guardar el corazón con toda diligencia. Procedo a señalar esas temporadas especiales en la vida de un cristiano que requieren nuestra máxima diligencia para guardar el corazón.

Temporadas en las que
debemos guardar el corazón

En tercer lugar, ahora señalaré esas temporadas especiales en la vida de un cristiano que requieren nuestra máxima diligencia para guardar el corazón. Aunque (como se señaló más arriba) ese deber es siempre vinculante y no hay tiempo o condición de vida que puedan excusarnos de este trabajo, hay algunas épocas y horas críticas en especial que requieren más que una vigilancia común del corazón.

Tiempo de prosperidad

La *primera temporada* es el tiempo de *prosperidad*, cuando la Providencia nos sonríe. Ahora cristiano, guarda tu corazón con toda diligencia porque será muy propenso a volverse confiado de sí mismo, orgulloso y terrenal. "Ver a un hombre humilde en la prosperidad", dice Bernard, "es una de las mayores rarezas del mundo". Ni siquiera el buen Ezequías pudo ocultar un temperamento orgulloso en su tentación. Por tanto, vino aquella advertencia a Israel: *Y sucederá que cuando el Señor tu Dios te traiga a la tierra que juró a tus padres Abraham, Isaac y Jacob que te daría, una tierra con grandes y espléndidas ciudades que tú no edificaste, y casas llenas de toda buena cosa que tú no llenaste,... entonces ten cuidado, no sea que te olvides del Señor.* Y así sucedió, porque *Jesurún engordó y dio coces.*

¿Cómo puede entonces un cristiano apartar su corazón del orgullo y la seguridad carnal cuando la Providencia le sonríe y disfruta de las comodidades? Hay varias maneras de proteger el corazón de las peligrosas trampas de la prosperidad.

1. Considera las peligrosas y atrapantes tentaciones que acompañan a una situación placentera y próspera. Pocas, muy pocas de las personas que viven en los placeres de este mundo escapan del infierno eterno. *Es más fácil*, dice Cristo, *que un camello pase por el ojo de una aguja, que el que un rico entre en el reino de Dios… Pues considerad, hermanos, vuestro llamamiento; no hubo muchos sabios conforme a la carne, ni muchos poderosos, ni muchos nobles.*

   Gran razón tenemos para temblar cuando la Escritura nos dice que en general pocos serán salvos, y mucha más razón cuando nos dice que de ese rango al que pertenecemos, pocos lo serán. Cuando Josué llamó a todas las tribus de Israel a echar suertes para descubrir a Acán,

Acán sin duda temió. Cuando la tribu de Judá fue designada, su temor aumentó. Pero cuando fue designada la familia de los de Zera, llegó el momento de temblar. Entonces, cuando las Escrituras se acercan tanto como para decirnos que de esa clase de hombres muy pocos escaparán, es hora de alarmarse. "Me pregunto", dice Crisóstomo, "si alguno de los *gobernantes* se salvará". Oh, cuántos han sido llevados al infierno en los carros de los placeres terrenales, ¡mientras que otros han sido arrebatados al Cielo por la vara de la aflicción! ¡Qué pocos, como la hija de Tiro, vienen a Cristo con presentes! ¡Son pocos los ricos que suplican su favor!

2. Puede hacernos más humildes y más vigilantes en la prosperidad considerar que, entre los cristianos, ha causado que a tantos les haya ido mucho peor. ¡Qué bueno hubiera sido para algunos no haber conocido nunca la prosperidad! Cuando su condición era de pobreza, ¡eran tan humildes, espirituales y celestiales! Pero cuando prosperaron, ¡qué evidente alteración se dio en sus espíritus! Así fue con Israel. Cuando estaban en abatidos en el desierto, Israel era *santo para el Señor*. Pero cuando entraron en Canaán y fueron ricamente alimentados, su discurso pasó a ser otro: *Somos señores; no volveremos más a ti*. Las ganancias exteriores suelen ir acompañadas de pérdidas interiores; así como en condición inferior sus tareas civiles solían tener sabor a deberes

religiosos, sucede que en condición exaltada esos deberes comúnmente tienen sabor a mundo. En verdad, es rico en gracia aquel cuyas gracias no se ven obstaculizadas por sus riquezas. Hay pocos Josafat en el mundo de quienes se dice: *y tuvo grandes riquezas y honores. Y su corazón se entusiasmó en los caminos del Señor.* ¿No mantendrá esto humilde a tu corazón en la prosperidad, al pensar cuánto han pagado muchos hombres piadosos por sus riquezas, porque a través de esas riquezas estos hombres han perdido lo que el mundo no puede comprar?

3. Mantén humilde a tu vano corazón con esta consideración: Dios no valora más al hombre por estas cosas. Dios no valora a ningún hombre por sus excelencias externas, sino por sus gracias internas. Son los ornamentos internos del Espíritu los que tienen gran valor a los ojos de Dios. Dios desprecia toda gloria mundana y no acepta a nadie que rinda pleitesía a ningún hombre, *sino que en toda nación el que le teme y hace lo justo, le es acepto.* De hecho, si el juicio de Dios siguiera la misma regla que el del hombre, entonces podríamos valorarnos por estas cosas y mantenernos firmes en ellas. Pero lo que es cada hombre, lo es a juicio de Dios. ¿Tu corazón todavía se hincha de orgullo? ¿Ninguna de las consideraciones anteriores lo mantendrá humilde?

4. Considera los amargos lamentos de muchos moribundos por su estupidez al poner su corazón en

estas cosas deseando no haberlas conocido nunca. Qué terrible fue la situación del papa Quinto, quien murió gritando desesperadamente: "Cuando mi condición era baja tenía algunas esperanzas de salvación; cuando me ascendieron a cardenal, dudé mucho; pero desde que llegué al papado, no tengo ninguna esperanza". Un autor también nos cuenta la historia real, pero triste, de un tirano rico que había amasado una gran fortuna para su único hijo. Cuando estaba a punto de morir, llamó a su hijo y le dijo: "Hijo, ¿de verdad me amas?". El hijo respondió que "la naturaleza, además de su cuidado paternal" le exigía que lo hiciera. "Entonces", dijo el padre, "muéstralo de esta manera: mantén el dedo en la vela mientras rezo una oración". El hijo lo intentó, pero no pudo soportarlo. Al ver esto, el padre exclamó: "No puedes soportar por mí el ardor de tu dedo, pero para conseguir esta riqueza he arriesgado mi alma por ti ¡y debo arder en cuerpo y alma en el infierno por tu causa! ¡Tus dolores habrían sido solo por un momento, pero los míos serán un fuego insaciable!".

5. El corazón puede mantenerse humilde al considerar que las cosas terrenas inhiben al alma que con fervor desea a ir al Cielo. Pueden excluirnos de muchos gozos celestiales ahora, incluso cuando en última instancia no nos mantendrán fuera del Cielo. Si te consideras un forastero en este mundo y tu destino deseado es el Cielo, entonces

tienes tantas razones para deleitarte con estas cosas como las tendría un caballo cansado para sentirse complacido de llevar una carga pesada. Había verdad en la burla atea de Juliano, que al quitarles las propiedades a los cristianos les dijo que "era para hacerlos más aptos para el reino de los cielos".

6. ¿Tu espíritu sigue siendo vano y altivo? Entonces ínsto a considerar ese terrible día del juicio final en el que, según nuestras misericordias recibidas, será nuestra rendición de cuentas de ellas. Creo que esto debería asombrar y humillar al corazón más vanidoso que jamás haya habido en el seno de un santo. Debes saber con certeza que el Señor registra todas las misericordias que alguna vez te dio, desde el principio hasta el final de tu vida. *Pueblo mío, acuérdate ahora... desde Sitim hasta Gilgal, para que conozcas las justicias del Señor.* Sí, están exactamente numeradas y registradas en orden para la cuenta, y tu rendición de cuentas será la que corresponda. *A todo el que se le haya dado mucho, mucho se demandará de él.* Tú eres un mayordomo y tu Señor vendrá y hará que rindas cuenta, y ¡qué gran cuenta tienes que hacer, si tienes mucho de este mundo en tus manos! ¡Qué veloces testigos serán tus misericordias contra ti si es ese el mejor fruto que han dado!

7. Una reflexión que nos hace sentir humildes es considerar que las misericordias de Dios obran

sobre nuestro espíritu de forma distinta en comparación a cómo lo hacen sobre el espíritu de otros, en los cuales se convirtieron en misericordias santificadas del amor de Dios. ¡Ah, Señor! ¡Qué triste consideración es esta! Basta para postrarme en el polvo cuando considero que:

a. Sus misericordias los han humillado enormemente. Cuanto más alto los ha elevado Dios, más se humillaron ante él. Jacob hizo esto cuando Dios le había dado muchas riquezas. *Y Jacob dijo… indigno soy de toda misericordia y de toda la fidelidad que has mostrado a tu siervo; pues con solo mi cayado crucé este Jordán, y ahora he llegado a tener dos campamentos.* Lo mismo sucedió con David cuando Dios le confirmó la promesa de construirle una casa y no rechazarlo como rechazó a Saúl. David va delante del Señor y dice: ¿Quién soy yo, oh Señor Dios, y qué es mi casa para que me hayas traído hasta aquí? Así, en verdad, Dios exigió que cuando Israel le trajera las primicias de Canaán, dijera: *Mi padre fue un arameo errante y descendió a Egipto y residió allí, siendo pocos en número; pero allí llegó a ser una nación grande, fuerte y numerosa.* ¿Otros elevan a Dios más alto porque Él los elevó a ellos? ¿Y cuanto más alto me eleve Dios, más abusaré de Él y más me exaltaré? ¡Qué conducta malvada es esa!

b. Hay quienes han atribuido libremente la gloria de todos sus disfrutes a Dios, y no se han engrandecido a sí mismos, sino a Él por Sus misericordias. Por eso David dice: *Y sea engrandecido tu nombre para siempre... y que la casa de tu siervo David sea establecida delante de ti.* Él no se enaltece a sí mismo por la misericordia ni se limita a disfrutar de su dulzura sin buscar más allá de su propio bienestar. ¡No! No le importa la misericordia a menos que Dios sea magnificado en ella. Y cuando Dios lo libró de todos sus enemigos, dijo: *El Señor es mi fortaleza y mi canción, y ha sido salvación para mí.* Los creyentes de antaño no se pusieron la corona sobre sus cabezas como yo, a causa de mi vanidad.

c. Las misericordias de Dios han sido como un fuego para otros, derritiendo sus almas en amor al Dios de sus misericordias. Cuando Ana recibió la misericordia de un hijo, dijo: *Mi corazón se regocija en el Señor.* No en la misericordia, sino en el Dios de la misericordia. Así también dijo María: *Mi alma engrandece al Señor, y mi espíritu se regocija en Dios mi Salvador.* La palabra *engrandece* significa hacer más espacio para Dios; sus corazones no empequeñecieron, sino que se ensancharon más para Dios.

d. Las misericordias de Dios han sido grandes restricciones para mantener a otros lejos del pecado. *Puesto que tú, nuestro Dios.... nos has dado un remanente que ha escapado como este, ¿hemos de quebrantar de nuevo tus mandamientos...?* Las almas sinceras han sentido sobre ellas la fuerza de las obligaciones del amor y la misericordia.

e. Las misericordias de Dios hacia muchos han sido como aceite para las ruedas de su obediencia y los han hecho más aptos para el servicio. Ahora bien, si las misericordias obran contrariamente en mi corazón, tengo razones para temer que no las he recibido en amor. Para bajarle los humos a cualquier creyente basta el ver qué dulces efectos han tenido las misericordias en los demás, y qué amargos efectos tienen en él.

Tiempo de adversidad

La *segunda temporada* en la vida de un cristiano que requiere más que la diligencia común para guardar su corazón es el tiempo de la *adversidad*. Cuando la Providencia te haga fruncir el ceño y arruine tus comodidades visibles, entonces mira tu corazón; guárdalo con toda diligencia para que no se queje contra Dios ni desmaye bajo Su mano. Porque los problemas, aunque santificados, siguen siendo problemas. Jonás era un hombre piadoso y sin embargo, ¡qué inquieto estaba su corazón en la aflicción! Job era el espejo de la paciencia, ¡pero su corazón estaba trastornado por las dificultades! Te resultará difícil tener un espíritu sereno ante las grandes aflicciones. ¡Oh, las prisas y los tumultos afligen hasta al mejor de los corazones! Permíteme mostrarte, entonces, cómo un cristiano en grandes aflicciones puede evitar que su corazón se queje o se sienta abatido bajo la mano de Dios.

Ofreceré varios métodos para mantener el corazón en esta condición.

1. Mediante estas providencias cruzadas, Dios persigue fielmente el gran designio del amor electo sobre las almas de Su pueblo y ordena todas estas aflicciones como medios santificados para ese fin. Las aflicciones no vienen por casualidad, sino por designio. Por designio de Dios, son ordenadas como medios de un considerable bien espiritual para los cristianos. *Así pues, con esto la iniquidad de Jacob será perdonada*; Él *nos disciplina para nuestro bien*; *todas las cosas cooperan para bien*. Las aflicciones son los obreros de Dios en nuestros corazones para derribar nuestro orgullo y seguridad carnal. Como resultado, su naturaleza cambia. Se convierten en bendiciones y beneficios. *Bueno es para mí ser afligido*, dijo David. Seguramente entonces, no tienes ninguna razón para pelear con Dios, sino más bien para sorprenderte de que Él se preocupe tanto por tu bien que utilice cualquier medio para lograrlo. Pablo podía bendecir a Dios si por cualquier medio alcanzaba la resurrección de los muertos. *Tened por sumo gozo, hermanos míos, el que os halléis en diversas pruebas*, dijo Santiago.

Mi Padre está obrando un designio de amor en mi alma, ¿y hago bien en enojarme con Él? Todo lo que hace es en pos de y en referencia a algún fin eterno y glorioso para mi alma. Es mi ignorancia del designio de Dios lo que me hace discutir con Él.

En este caso Él te dice, como le dijo a Pedro: *Ahora tú no comprendes lo que yo hago, pero lo entenderás después.*

2. Aunque Dios se ha reservado el derecho de afligir a Su pueblo, se ató las manos al prometer que nunca les quitaría Su bondad amorosa. ¿Puedo contemplar esta Escritura con un espíritu quejoso y descontento?: *Yo seré padre para él y él será hijo para mí. Cuando cometa iniquidad, lo corregiré con vara de hombres y con azotes de hijos de hombres, pero mi misericordia no se apartará de él.* ¡Oh corazón mío, arrogante corazón mío! ¿Es justo que estés descontento, si Dios te ha dado el árbol entero con todos los racimos de consuelo que crecen en él, y te quejas porque permite que el viento haga caer algunas hojas? Los cristianos tienen dos clases de bienes: los bienes del trono y los bienes del estrado; posesiones eternas y posesiones mundanas. Si Dios ha asegurado aquellas, nunca dejes que mi corazón se turbe porque pierdo estas. De hecho, si Él hubiera quitado Su amor o roto Su pacto con mi alma, yo tendría motivos para estar abatido; pero esto no lo ha hecho ni puede hacerlo.

3. Para evitar que el corazón se hunda ante las aflicciones de mucho nos vale recordar que tu propio Padre las rige. Ninguna criatura mueve la

mano o la lengua contra ti sin Su sabio permiso. Supongamos que la copa es amarga, ¡pero es la copa que tu Padre te ha dado! ¿Puedes sospechar que contiene veneno? Hombre necio, piensa en tu propio corazón. ¿Podrías darle a tu hijo algo que le haga daño? ¡No! Te harías daño a ti mismo antes que a él. *Pues si vosotros, siendo malos, sabéis dar buenas dádivas a vuestros hijos*, ¡cuánto más Dios! La sola consideración de Su naturaleza como Dios de amor, piedad y tiernas misericordias, o de Su relación contigo como padre, esposo y amigo, puede ser seguridad suficiente aunque no te hubiera dicho una palabra para tranquilizarte en este caso. Y, sin embargo, también tienes la palabra del profeta Jeremías: *…no os haré ningún mal*. Estás demasiado cerca de Su corazón para que Él te lastime. Nada Le entristece más que tus sospechas infundadas e indignas sobre Sus designios. Después de haber estudiado el caso de su paciente y preparado las mejores medicinas para salvarle la vida, ¿no le entristecería a un médico fiel y generoso oír que su paciente le grita: "¡Me ha hecho daño! ¡Me ha envenenado!" porque le duele la operación? ¡Oh! ¿Cuándo serás sumiso?

4. Dios te considera del mismo modo en los malos momentos y en los buenos. Por lo tanto, no debería molestarte cuando experimentes dificultades. No, Él manifiesta Su amor, gracia y ternura en tiempos de aflicción más que en tiempos de

prosperidad. Así como Dios no te eligió porque te estaba yendo bien, no te desamparará ahora porque estés afligido. Los hombres pueden tener miedo de mirarte y cambiar de opinión a medida que tu condición cambia. Cuando la Providencia ha arruinado tus bienes, tus amigos de los buenos tiempos podrán distanciarse temiendo que puedas serles problemático. ¿Pero acaso Dios haría eso? ¡No! ¡No! *Nunca te dejaré ni te desampararé*, dice. Si la adversidad y la pobreza pudieran impedirte el acceso a Dios, sería ciertamente una condición deplorable. Pero, lejos de esto, puedes acudir a Él con tanta libertad como siempre. "Mi Dios me escuchará", dice la iglesia. El pobre David, despojado de todas las comodidades terrenales, pudo animarse en el Señor su Dios. ¿Por qué no tú? Supongamos que tu marido o tu hijo lo hubieran perdido todo en el mar y vinieran a ti en harapos; ¿podrías negar la relación, o negarte a ayudarles? Si no lo harías tú, mucho menos lo hará Dios. Entonces, ¿por qué te preocupas tanto? Aunque tu condición haya cambiado, el amor de tu Padre no cambia.

5. ¿Qué pasa si, mediante la pérdida de las comodidades físicas, Dios preserva tu alma del poder ruinoso de la tentación? Seguramente entonces tienes pocos motivos para que se aflija tu corazón por pensamientos tan tristes. ¿No hacen los goces terrenales que los hombres cambien en tiempos de prueba? Por amor a los goces terrenales muchos

han abandonado a Cristo en tales momentos. El joven rico *se fue triste, porque era dueño de muchos bienes.* Si este es el plan de Dios, ¡qué ingrato es murmurar contra Él por ello! Vemos que los marineros en una tormenta pueden arrojar por la borda los bienes más valiosos para preservar sus vidas. Sabemos que es común que los soldados en una ciudad sitiada destruyan los mejores edificios en los que el enemigo pueda refugiarse, y nadie duda de que sea prudente hacerlo. Quienes tienen brazos o piernas con gangrena los presentan voluntariamente para que se los corten y no solo *agradecen*, ¡sino que también le *pagan* al cirujano! ¿Se debe murmurar contra Dios por arrojar por la borda algo que te hundiría en una tormenta? ¿Por destruir aquello que ayudaría a tu enemigo en el asedio de la tentación? ¿Para cortar lo que pondría en peligro tu vida eterna? ¡Ah, hombre desconsiderado e ingrato! ¿No son estas cosas por las que te lamentas las mismas que han arruinado a miles de almas?

6. Cuando estés pasando por la adversidad, ayudaría mucho a tu corazón considerar que mediante providencias tan humildes Dios puede estar cumpliendo lo que has pedido y esperado en oración durante mucho tiempo. ¿Deberías preocuparte por eso? Dilo, cristiano, ¿no tienes muchas oraciones pendientes ante Dios como estas: que te guarde del pecado, que te muestre lo vano de lo creado, que aplaste y mate tus concupiscencias,

como para que tu corazón nunca encuentre descanso en ningún disfrute que no sea Cristo? Con esos golpes humillantes y empobrecedores, ¡Dios puede estar cumpliendo tus deseos! ¿Querías que te guardara del pecado? He aquí que Él *cercará tu camino con espinos*. ¿Pedías ver lo vano de la criatura? Tu aflicción es un espejo para revelarla, porque lo vano de lo creado nunca se descubre de manera tan eficaz y sensata como en nuestra propia experiencia. ¿Quieres aplastar tus vicios? Este es el camino: que se les quite el alimento y el combustible que los alimenta; porque así como la prosperidad los dio a luz y los alimentó, también la adversidad cuando santificada es un medio para matarlos. ¿Quieres que tu corazón descanse solo en el seno de Dios? ¿Qué mejor método podría adoptar la Providencia para cumplir tu deseo que quitarte de debajo de la cabeza esa suave almohada de delicias creadas en la que antes descansabas? ¡Y aun así te preocupas por esto! Hijo rencoroso, ¡cómo pones a prueba la paciencia de tu Padre! Si retrasa la respuesta a tus oraciones estás dispuesto a decir que no te respeta. Si Él responde a tus oraciones, aunque no de la manera que esperas, murmuras contra Él por eso. Es como si en lugar de responder, estuviera contrariando todas tus esperanzas y objetivos. ¿Así es tu sinceridad? ¿No es suficiente que Dios sea tan misericordioso como para hacer lo que deseas? ¿Debes ser tan descarado como para esperar que Él lo haga en la forma que tú prescribes?

7. Puede animarse tu corazón al considerar que en estos problemas Dios está realizando esa obra en la que tu alma se regocijaría si vieras el plan. Nos nubla y confunde nuestra gran ignorancia y no somos capaces de discernir el modo en que cada providencia en particular tiende al cumplimiento del plan de Dios. Por tanto, así como lo hizo Israel en el desierto, a menudo murmuramos porque la Providencia nos lleva a un desierto aullante donde estamos expuestos a dificultades. Él los guió a ellos en ese entonces y nos está guiando ahora, por el *camino recto... a una ciudad habitada.* Si pudieras ver cómo Dios en Su secreto conocimiento ha trazado exactamente todo el plan de tu salvación, incluso hasta en los medios y circunstancias más pequeños, podrías discernir la admirable armonía de las dispensaciones divinas, sus relaciones mutuas, junto con las generalidades que todas ellas tienen respecto al último fin. Si tuvieras la libertad de decidir por ti mismo, ¡de todas las condiciones del mundo elegirías aquella en la que te encuentras ahora! La Providencia es como una interesante pieza de tapiz hecha de mil jirones que por separado parecen inútiles, pero que cuando se juntan representan ante nuestros ojos una hermosa historia. Como Dios hace todas las cosas según el consejo de Su propia voluntad, esto está ordenado

como el mejor método para lograr tu salvación. *Alguien tiene un corazón orgulloso, por eso se le han asignado muchas providencias humillantes; otro tiene un corazón terrenal, por eso se le han asignado muchas providencias empobrecedoras.* Si ves esto, ya no necesito decir nada más que pueda brindar apoyo al corazón más abatido.

8. Sería de gran ayuda que tranquilizaras a tu corazón, al considerar que la inquietud y el descontento te traen más daño que todas tus aflicciones. Tu propio descontento brinda a tus problemas el aguijón que hace las veces de arma. Añades a tu carga pesada al luchar bajo su peso. Si descansaras tranquilamente bajo la mano de Dios, tu condición sería mucho más fácil de lo que es. "La impaciencia en el enfermo trae severidad en el médico". Esto hace que Dios se aflija aún más, como lo hace un padre con un hijo testarudo que no recibe corrección. Además, descalifica al alma para orar por sus problemas o recibir el sentido del bien que Dios pretende con las aflicciones. La aflicción es una píldora que, envuelta en paciencia y silenciosa sumisión, puede tragarse fácilmente. Pero el descontento prefiere morder la pastilla, y así amarga su alma. Dios puede apartar de ti alguna comodidad porque sabe que te haría daño. ¿Descartarías tu paz para hallarla? Él dispara una flecha que se clava en tu ropa y nunca tuvo la intención de lastimarte, sino solo la de sacarte del pecado. Tu desaliento y descontento

harán que esa flecha se clave más profundo hasta perforar tu corazón mismo.

9. Si tu corazón (como el de Raquel) todavía se niega a ser consolado, entonces haz una cosa más: compara la condición en la que te encuentras ahora y de la que estás tan insatisfecho, con la condición en la que se encuentran los demás y en la que tú mereces estar. "Hay otros que rugen en llamas, que aúllan bajo el azote de la venganza, ¡y entre ellos merezco estar! Oh, alma mía, ¿es esto el infierno? ¿Es mi condición tan mala como la de los condenados? ¡Qué darían ahora miles de personas en el infierno por intercambiar condiciones conmigo!". "He leído", dice un autor, "que cuando el duque de Conde se sometió voluntariamente a los inconvenientes de la pobreza, un día lo vio un noble de Italia. El noble se compadeció y compasivamente le deseó que fuera más cuidadoso consigo mismo. El buen duque respondió: 'Señor, no os turbéis, y no penséis que padezco necesidad, porque envío un heraldo delante de mí que prepara mi alojamiento y se encarga de que yo sea recibido como un rey'. El señor le preguntó quién era su heraldo. La respuesta fue: 'El conocimiento de mí mismo y la consideración de lo que merezco por mis pecados, que es el tormento eterno; cuando con este conocimiento llegue yo a mi alojamiento, por muy desprovisto que lo encuentre me parecerá mucho mejor de lo que merezco. ¿Por qué

ha de quejarse el que está vivo?'". De este modo se puede evitar que el corazón se desanime o se queje ante la adversidad.

El tiempo de los problemas de Sión

La *tercera temporada* que exige más diligencia que la ordinaria para guardar el corazón es el tiempo de los problemas de Sión. Cuando la iglesia, como la barca en el que estaban Cristo y sus discípulos, está oprimida y lista para perecer en las olas de la persecución, entonces hay almas buenas que están listas para naufragar también en las olas de sus propios temores. Es cierto que en este caso la mayoría de los hombres necesitan más las espuelas que las riendas. Sin embargo, hay hombres que se sienten desanimados al percibir los problemas de la iglesia. La pérdida del arca del pacto le costó la vida a Elí. La triste condición en que se encontraba Jerusalén hizo que el rostro de Nehemías cambiara su expresión en medio de todos los placeres y comodidades de la corte. Pero aunque Dios permite –sí, ordena– las aprehensiones más despiertas de estas calamidades y en un día así llama *al llanto y al lamento... y a vestir de cilicio*, y amenaza severamente a los insensibles, de todos modos no le agrada verte sentado como Elías, elucubrando bajo el enebro: *Basta ya, Señor, quítame mi vida.* ¡No! Puedes ser un doliente en Sión y está bien que lo seas, ¡pero no debes ser tu propio tormento! Puedes quejarte *con* Dios, pero no te quejes *de* Dios (aunque solo sea por el lenguaje de tus acciones).

Ahora, preguntemos cómo se pueden aliviar y

reafirmar los corazones sensibles cuando están abrumados por la pesada percepción de los problemas de Sión. Reconozco que para aquel que prefiere Sión a su principal gozo es difícil evitar que su corazón se entristezca al sentir sus problemas. Sin embargo, se debe y se puede hacer, si se siguen instrucciones tan reconfortantes como estas:

1. Establece esta gran verdad en tu corazón: que ningún problema le sobreviene a Sión sino con el permiso del Dios de Sión, y que Él no permite nada que en última instancia no traiga mucho bien a Su pueblo. Se puede obtener consuelo de las reflexiones sobre la voluntad de Dios que permite y ordena las cosas. *Dejadlo… porque el Señor se lo ha dicho. Ninguna autoridad tendrías sobre mí si no se te hubiera dado de arriba.* Debería darle gran tranquilidad a nuestros corazones el saber que es la voluntad de Dios permitirlo y que, si no lo hubiera permitido, nunca podría haber sido como es. Esta misma consideración calmó a Job, Elí, David y Ezequías. Que el Señor lo hiciera les bastaba; ¿por qué no debería ser así para nosotros? Si el Señor quiere arar a Sión como un campo y que sus piedras grandes queden en el polvo, si le place que el anticristo se enfurezca aún más y desgaste a los cristianos del Altísimo, si es Su voluntad que un día de angustia, de holladura y perplejidad por parte del Señor Dios de los ejércitos sea sobre el valle de la visión, que el impío devore al hombre que es más justo que él, entonces, ¿qué somos nosotros para contender

con Dios? Conviene que nos resignemos a aquella Voluntad de la que procedimos, y que Aquel que nos hizo disponga de nosotros como Le plazca. Puede hacernos lo que Le parezca bien sin nuestro consentimiento. ¿Acaso un pobre está en igualdad de condiciones como para negociar y capitular con su Creador, o para que Dios le rinda cuentas de cualquiera de Sus asuntos? Que nos contentemos, independientemente de cómo Dios disponga de nosotros, es tan razonable como que seamos obedientes, sea lo que sea que Él requiera de nosotros.

Pero si continuamos con este argumento y consideramos que todo lo que permite Dios finalmente se traduce en el bien real de Su pueblo, esto calmará enormemente nuestro espíritu. ¿Se llevan los enemigos a los mejores del pueblo en cautiverio? Eso parece una providencia angustiosa, pero Dios los envía allí para su bien. ¿Toma Dios al asirio como un bastón en Su mano para golpear a Su pueblo? El fin de Su acción será *cuando el Señor haya terminado toda Su obra en el monte Sión*. Si Dios puede sacar mucho más bien del mayor mal del pecado, mucho más de las aflicciones temporales, el hecho de que *lo hará* es tan evidente como que *puede* hacerlo. Porque es inconsistente con la sabiduría de un hombre común permitir que cualquier cosa (que podría evitar si quisiera) frustre Su gran diseño. ¿Se puede imaginar que el Dios más sabio debería hacerlo? Como le dijo

Lutero a Melanchthon, yo te digo: "Deja en paz a la sabiduría, al poder y al amor infinitos", porque por estos todas las criaturas son influenciadas y todas las acciones guiadas en referencia a la iglesia. No es nuestro trabajo gobernar el mundo, sino someternos a Quien lo hace. Los movimientos de la Providencia son todos juiciosos, las ruedas están llenas de ojos: basta que los asuntos de Sión estén en buenas manos.

2. Reflexiona sobre esta verdad que reconforta el corazón: cuántas angustias hay sobre Sión, y aun así su Rey está en ella. ¡¿Qué?! ¿Ha abandonado el Señor a Sus iglesias? ¿Las ha vendido en manos del enemigo? ¿No ve el mal que les sucede, de modo que nuestro corazón se hunde? ¿No es vergonzoso subestimar al gran Dios y magnificar demasiado al pobre hombre impotente, temer y temblar ante las criaturas mientras Dios está en medio de nosotros? Los enemigos de la iglesia son muchos y poderosos: admitámoslo, pero ese argumento con el que Caleb y Josué se esforzaron por levantar sus propios corazones es tan potente ahora como lo era entonces: *el Señor está con nosotros; no les tengáis miedo.*

Un historiador nos cuenta que cuando Antígono escuchó a sus soldados contar cuántos eran sus enemigos y así desanimarse unos a otros, de repente intervino entre ellos con esta pregunta: "¿Y cuántos me contáis a mí?". Almas desanimadas, ¿cuántas consideráis al Señor? ¿No supera Él a todos Sus enemigos? ¿No cuenta un Todopoderoso más que muchos poderosos? *Si Dios está por nosotros, ¿quién estará contra nosotros?* ¿Cuál crees que fue el motivo de ese gran examen que hizo Gedeón? Cuestionó, pidió una señal, y después otra señal. ¿Y cuál era el motivo de todo esto, sino para estar seguro de que el Señor estaba con él, y poder entonces escribir en su bandera este lema: *La espada del Señor y de Gedeón*? Entonces, si puedes estar seguro de que el Señor está con Su pueblo superarás todos tus desalientos. Porque lo está, no necesitarás señal del Cielo. Mira, tienes una señal ante ti: su maravillosa preservación en medio de todos sus enemigos. Si Dios no está con Su pueblo, ¿cómo es posible que no sean devorados rápidamente? ¿Les falta a sus enemigos malicia, poder u oportunidades? No, pero hay una mano invisible sobre ellos. Que Su presencia nos brinde reposo y descanso, y aunque las montañas sean arrojadas al mar, aunque el cielo y la tierra se mezclen, no temas; Dios está en medio de Sion, y ella no será movida.

3. Considera las grandes ventajas que tiene el pueblo de Dios en condición de aflicción. Si el estado de tristeza y aflicción en el mundo es realmente lo mejor para la iglesia, entonces tu abatimiento no solo es irracional sino también, ingrato. De hecho, si calculas la felicidad de la iglesia por su comodidad, esplendor y prosperidad mundanos, entonces esos tiempos de aflicción parecerán

desfavorables. Pero si consideramos que su gloria consiste en su humildad, fe y mentalidad celestial, entonces ninguna condición abunda tanto en ventajas para tales cosas como la condición de aflicción. No fueron las persecuciones y las prisiones, sino la mundanalidad y la falta de control lo que envenenó a la iglesia. Tampoco fue la gloria terrenal de sus cristianos profesos, sino la sangre de sus mártires la que constituyó la semilla de la iglesia. El poder de la piedad nunca floreció mejor que en la aflicción y nunca fue menos floreciente que en tiempos de mayor prosperidad. Cuando acabamos siendo un pueblo pobre y afligido, entonces aprendemos a confiar en el nombre del Señor.

4. Es de hecho beneficioso para los cristianos dejar de lado y ya no deleitarse en las tramposas vanidades terrenales, ser revividos e impulsados a avanzar con más prisa hacia el Cielo, alcanzar descubrimientos más claros de sus propio corazones, que se les enseñe a orar con más fervor, frecuencia y espiritualidad; y mirar y anhelar con más ardor el descanso celestial. Si esto es para su beneficio, la experiencia nos enseña que no hay condición bendecida con tan buenos frutos como lo es la de la aflicción. ¿Es bueno, entonces, gemir y desfallecer porque tu Padre busca el bien de tu alma más que la satisfacción de tus deseos carnales? ¿O porque te llevará al Cielo por un camino más corto del que estás dispuesto a recorrer? ¿Es esta

una debida retribución a Su amor, que se complace tanto en preocuparse por tu bienestar, que hace más por ti de lo que hará por miles en el mundo sobre quienes no pondrá vara ni les dispensará aflicción por su bien? ¡Pero, ay! ¡Juzgamos por los sentidos y consideramos las cosas buenas o malas según nuestro gusto presente!

5. Cuida de no pasar por alto las muchas y preciosas misericordias de las que disfruta el pueblo de Dios en medio de todas sus dificultades. Es una lástima que nuestras lágrimas por los problemas nos cieguen, al punto de que no veamos las misericordias que recibimos. No insistiré en la misericordia de que se te dé la vida por botín de guerra, ni en las muchas comodidades exteriores de las que disfrutas por encima de las que disfrutaron Cristo y Sus preciosos siervos, de quienes el mundo no era digno. Pero, ¿qué dices sobre el perdón del pecado, el interés en Cristo, el pacto de la promesa y una eternidad de felicidad en la presencia de Dios, después de unos días? ¡Oh, es triste que un pueblo con tales misericordias decaiga ante cualquier aflicción terrenal, o se preocupe tanto por el desagrado de los hombres y la pérdida de trivialidades! No tienes las sonrisas de los grandes hombres, pero sí el favor del gran Dios. Tal vez te veas reducido en las cosas mundanas, pero con ello aumentas en las espirituales y eternas. No puedes vivir tan abundantemente como antes, pero puedes vivir

tan celestialmente como siempre. ¿Te afligirás tanto por estas circunstancias que olvidarás tu alma? ¿Los problemas menores deberían hacerte olvidar las grandes misericordias? Recuerda, las verdaderas riquezas de la iglesia están fuera del alcance de todos los enemigos. ¿Qué es lo que Dios no distingue entre los suyos y los demás en Sus concesiones externas? Sí, ¿qué pasa si sus juicios seleccionan lo mejor y evitan lo peor? ¿Qué pasa si un Abel muere por amor y un Caín sobrevive por odio? ¿Un sanguinario Dionisio muere en su cama y un buen Josías cae en la batalla? ¿Qué pasa si el vientre de los impíos está lleno de tesoros escondidos y los dientes de los cristianos muerden piedras de grava? Aun así, hay mucho motivo de alabanza, porque el *amor* a los escogidos les ha distinguido, aunque la *providencia común* no lo haga, y mientras la prosperidad y la impunidad matan a los malvados, incluso la matanza y la adversidad beneficiarán y salvarán a los justos.

6. Cree que no importa cuán sumergida esté la iglesia bajo las aguas de la adversidad, seguramente se levantará de nuevo. No temas, porque tan cierto como que Cristo resucitó al tercer día, a pesar del sello y la guardia sobre él, así también será que Sión se levantará de todos sus problemas y alzará su cabeza victoriosa por sobre todos sus enemigos. No hay razón para temer la ruina de quienes prosperan en sus pérdidas y se multiplican al verse disminuidas. No te apresures a enterrar

a la iglesia antes de que muera. Quédate hasta que Cristo haya hecho Su obra antes de darla por perdida. La zarza podrá estar en llamas, pero nunca se consumirá, y eso es por la buena voluntad de Aquel que habita en ella.

7. Recuerda los casos del cuidado y la ternura de Dios para con Su pueblo en dificultades anteriores. Durante más de mil ochocientos años la iglesia cristiana ha estado en aflicción, y sin embargo no ha sido consumida. Muchas olas de persecución la han azotado, pero no se ha ahogado. Se han lanzado muchos ataques contra ella, pero ninguno de ellos ha prosperado. No es la primera vez que Hamán y Ahitofel planean su ruina, ni que Herodes extiende su mano para confundirla. Ha sido preservada, apoyada o liberada de todos sus problemas. ¿No es tan querida por Dios como siempre? ¿No es Él tan capaz de salvarla ahora como entonces? Aunque no sabemos de dónde vendrá la liberación, *el Señor sabe rescatar de tentación a los piadosos.*

8. Si no puedes obtener consuelo de ninguna de estas consideraciones, trata de obtenerlo incluso de tus propios problemas. Seguramente tu problema es buena indicación de tu integridad. La unión es el fundamento de la solidaridad: si no tuvieras un rico tesoro en ese barco, no te estremecerías como lo haces cuando está en peligro. De la misma manera, este estado de ánimo puede brindarte el consuelo de que si eres tan

consciente de los problemas de Sión, Jesucristo está mucho más consciente y atento a ellos de lo que tú puedes estarlo, y mirará con favor a los que lloran por ello.

El tiempo del peligro y la distracción pública

La *cuarta temporada* que requiere nuestra máxima diligencia para guardar nuestros corazones es el tiempo del *peligro y la distracción pública*. En tiempos así, hasta los mejores corazones podrán dejarse sorprender por un miedo falso. Si Siria está aliada con Efraín, tiemblan los corazones de la casa de David como los árboles del bosque que se sacuden con el viento. Cuando hay señales funestas en los cielos, o la angustia de las naciones causa perplejidad y el mar y las olas braman, entonces el corazón de los hombres desfallece de temor y ante la espera de lo que vendrá sobre la tierra. Incluso un Pablo puede a veces quejarse de las peleas externas cuando en su interior hay temores.

Pero hermano mío, estas cosas no deberían ser así. Los cristianos deberían tener un espíritu más elevado. David lo tenía cuando su corazón se mantenía en buen estado de ánimo: *El Señor es mi luz y mi salvación; ¿a quién temeré? El Señor es la fortaleza de mi vida; ¿de quién tendré temor?* Deja que solo los siervos del pecado sean esclavos del miedo. Los que se han deleitado en el mal, que teman al mal. No dejes que lo que Dios ha amenazado como juicio sobre los malvados se apodere jamás del corazón de los justos. *En cuanto a los que queden de vosotros, infundiré cobardía en sus corazones en la tierra de sus enemigos; y el sonido de una hoja que se mueva los ahuyentará.* ¡Qué hombres tan pobres de espíritu son los que huyen por una hoja que tiembla! Una hoja hace un ruido agradable, no terrible. Hace una especie de música natural. Pero para una conciencia culpable, ¡hasta las hojas que susurran son tambores y trompetas!

Porque no nos ha dado Dios espíritu de cobardía, sino de poder, de amor y de dominio propio. El *dominio propio*, que se opone al *miedo*, es una conciencia sana y no debilitada por la culpa. Esto debería hacer que un hombre sea tan audaz como un león. Sé que no se puede decir de un santo, como Dios dijo del leviatán, que está hecho sin miedo. Hay un miedo natural en todo hombre y es tan imposible eliminarlo por completo como eliminar el cuerpo mismo. El miedo es la preocupación de la mente que surge de la idea amenazante de un peligro inminente. Si bien los peligros puedan acercársenos, encontraremos preocupaciones que tenemos dentro. No es mi propósito recomendarte una apatía estoica, ni siquiera disuadirte de algún grado de temor precautorio que pueda ayudarte en los problemas y ser útil para tu alma. Hay un miedo lógico que nos abre los ojos para prever el peligro y nos apresura a utilizar prudente y lícitamente los medios para eludirlo. Tal era el temor de Jacob, y tal era su cautela cuando esperaba encontrarse con su enojado hermano Esaú. Pero sí quiero persuadirte para que guardes tu corazón del miedo a la desconfianza; esa pasión tiránica que invade el corazón en tiempos de peligro, que lo distrae, lo debilita y lo incapacita para el deber, y que impulsa a los hombres a medios ilegales y trae consigo una trampa.

Ahora, preguntemos cómo puede un cristiano evitar que su corazón lo distraiga y lo atormenten los temores en tiempos de grandes y amenazantes peligros. Hay varias reglas excelentes para guardar el corazón del temor pecaminoso cuando nos amenazan peligros inminentes:

1. Mira a todas las criaturas como si estuvieran en manos de Dios, quien las dirige en todas sus acciones limitándolas, restringiéndolas y determinándolas a Su antojo. Haz que esta gran verdad esté bien establecida por la fe en tu corazón y ella te protegerá contra falsos temores. El primer capítulo de Ezequiel contiene un cuadro admirable de la Providencia. Allí ves a los seres vivientes que mueven las ruedas (es decir, las grandes revoluciones de las cosas aquí abajo) viniendo a Cristo, que está sentado en el trono, para recibir nuevas instrucciones de Él. En Apocalipsis 6, lees sobre los caballos blancos, negros y rojos, que son los instrumentos que Dios usa para ejecutar juicios en el mundo, como las guerras, la pestilencia y la muerte. Cuando estos caballos hacen cabriolas y pisotean aquí y allá por el mundo, hay un pensamiento que puede calmar nuestros corazones: Dios tiene las riendas en Su mano. Los hombres malvados son a veces como caballos locos: pisotearían al pueblo de Dios bajo sus pies, pero en sus bocas está la brida de la Providencia. Es terrible encontrarse

con un león en libertad, pero ¿quién teme a un león en manos del cuidador de leones?

2. Recuerda que este Dios en cuyas manos están todas las criaturas es tu Padre, y que se preocupa por ti mucho más de lo que tú mismo te preocupas o puedes preocuparte. *El que os toca, toca la niña de su ojo.* Permíteme preguntarle a la mujer más temerosa si no hay una gran diferencia entre ver una espada desenvainada en la mano de un matón sangriento y la misma espada en la mano de su amado esposo. Hay una diferencia enorme entre mirar a las criaturas con el ojo de los sentidos y mirarlas con el ojo de la fe como si estuvieran en la mano de tu Dios. Aquí resulta muy adecuado lo que dice Isaías 54:5: *Porque tu esposo es tu Hacedor, el Señor de los ejércitos es su nombre*; él es Señor de todas las huestes de criaturas. ¿Quién tendría miedo de caminar en medio de un ejército aunque todos los soldados apuntaran hacia él con sus espadas y armas, si el comandante de ese ejército fuera su amigo o su padre?

Un joven religioso se encontraba junto a otros pasajeros medio muertos de miedo en medio de una fuerte tormenta en el mar. Él era el único que se veía feliz y contento, como si no le preocupara el peligro. Uno de los pasajeros le preguntó cuál era el motivo de su alegría. "Oh", dijo, "¡es que el capitán del barco es mi padre!". Considera a Cristo primero como Rey y Señor supremo sobre el reino providencial, y luego como tu cabeza, esposo y amigo, y rápidamente dirás: *Vuelve, alma mía, a tu reposo.* Esta verdad te hará dejar de temblar y te hará cantar en medio del peligro, *porque Dios es Rey de toda la tierra; cantad alabanzas con armonioso salmo.* Es decir, todos los que comprendan esta doctrina que vivifica el corazón y establece el dominio de nuestro Padre sobre todas las criaturas, canten alabanzas.

3. Insta a tu corazón a guardar las prohibiciones expresas de Cristo en este caso, y tu corazón verá con asombro el daño del que te protegen. Él te ha ordenado que no temas: *Y cuando oigáis de guerras y disturbios, no os aterroricéis. De ninguna manera amedrentados por vuestros adversarios.* En Mateo 10, a lo largo de seis versículos nuestro Salvador nos ordena tres veces que no temamos a los hombres. ¿Te hace temblar la voz de un hombre, pero no la voz de *Dios*? Si eres de espíritu tan temeroso, ¿cómo es que no temes desobedecer los mandamientos de Jesucristo? Creo que en ese caso el mandato de Cristo tiene tanto poder para calmarte como lo tendría la voz de un pobre gusano para aterrorizarte.

Yo, yo soy vuestro consolador. ¿Quién eres tú que temes al hombre mortal, y al hijo del hombre que como hierba es tratado? ¿Has olvidado al Señor, tu Hacedor? No podemos cometer el pecado de temer al hombre si no nos hemos olvidado de Dios. ¿Recordamos qué es Dios y lo que ha dicho?

Entonces no deberíamos ser de espíritu tan débil. Así, reflexiona en tiempos de peligro: "Si dejo entrar en mi corazón el temor controlador del hombre, saldrá el temor reverencial y el temor de Dios, ¿y me atrevo a desechar el temor del Todopoderoso por el ceño fruncido de un hombre? ¿Levantaré polvo de orgullo sobre el gran Dios? ¿Correré hacia cierto pecado para evitar un peligro probable?". ¡Oh, guarda tu corazón con esta consideración!

4. Recuerda todos los problemas innecesarios que tus miedos vanos te han causado en el pasado. *¿Has temblado sin cesar todo el día ante la furia del opresor, mientras este se prepara para destruir? Pero ¿dónde está la furia del opresor?* Parecía dispuesto a destruir, pero tú no estás destruido. "No te ha sobrevenido lo que temías; has desperdiciado tu espíritu, desordenado tu alma y debilitado tus manos para nada. Podrías tener todo esto mientras disfrutas de tu paz y posees tu alma con paciencia". Y aquí no puedo dejar de observar una estrategia muy astuta de Satanás para lograr su designio contra el alma mediante estos temores vanos. Los llamo vanos en referencia a la frustración que les ha causado la Providencia. Pero ciertamente, no son en vano como fin al que apunta Satanás al hacerlos surgir. Porque en esto actúa como lo hacen los soldados en el asedio de una base militar, que buscan cansar a los sitiados con constantes alertas y así hacerlos incapaces de

ofrecer resistencia cuando los soldados la asaltan en serio. Todas las noches los soldados los provocan con falsas alarmas que, aunque no llegan a nada, responden sorprendentemente al designio ulterior del enemigo. ¿Cuándo te guardarás de las maquinaciones de Satanás?

5. Considera solemnemente que incluso si las cosas que temes realmente sucedieran, ¡hay más maldad en tu propio miedo que en las cosas que temes! Y eso, no solo porque el menor mal del pecado es peor que el mayor mal del sufrimiento, sino porque este temor pecaminoso realmente tiene más problemas que los que hay en esa condición que tanto temes. El miedo es una pasión multiplicadora y un tormento a la vez; representa a los problemas como mucho más grandes de lo que son, y por eso tortura al alma mucho más que el sufrimiento mismo. Así sucedió con Israel en el mar Rojo: gritaron y tuvieron miedo, hasta que se metieron en el agua y entonces se abrió un paso por aquellas aguas que pensaron que los ahogarían. Con nosotros sucede lo mismo: mirando con la lente del miedo carnal hacia las aguas de la angustia y las crecidas del Jordán, clamamos: "¡Oh, son intransitables! ¡Hemos de perecer en ellas!". Pero cuando nos encontramos en medio de las aguas, encontramos que la promesa se cumplió: Dios *proveerá también la vía de escape.*

Así sucedió con un bendito mártir, que cuando intentaba poner el dedo en la vela y no podía soportarlo, gritaba: "¡Qué! ¿No puedo soportar que me quemen un dedo? ¿Cómo, pues, podré soportar mañana el ardor de todo mi cuerpo?". Sin embargo, cuando llegó ese mañana, pudo ir alegremente a las llamas con esta Escritura en la boca: *No temas, porque yo te he redimido, te he llamado por tu nombre; mío eres tú. Cuando pases por las aguas, yo estaré contigo... cuando pases por el fuego, no te quemarás.*

6. Consulta las muchas y preciosas promesas escritas para tu apoyo y consuelo en todos los peligros. Puedes volar a estos refugios y estar a salvo cuando las flechas del peligro vuelan por la noche y la destrucción arruina el día. Hay ciertas promesas que se adaptan a determinados casos y crisis; también hay promesas generales que se aplican a todos los casos y condiciones. Promesas como estas: *Y sabemos que para los que aman a Dios, todas las cosas cooperan para bien, esto es, para los que son llamados conforme a su propósito; les irá bien a los que temen a Dios.* Si tan sólo creyeras en las promesas tu corazón estaría tranquilo. Si las suplicaras a Dios como lo hizo Jacob – *Y tú dijiste: De cierto te haré prosperar* – te aliviarían en toda angustia.

7. Calma tu corazón tembloroso recordando tus experiencias pasadas en cuanto al cuidado y la fidelidad de Dios en tiempos de angustia. Estas experiencias son alimento para tu fe en un desierto. Con esto David guardó su corazón

en tiempo de peligro, y también lo hizo Pablo.
Un santo, cuando le dijeron que sus enemigos
acechaban para matarlo, respondió: "Si Dios no
cuida de mí, ¿cómo es que me he librado hasta
ahora?". Puedes suplicarle a Dios que las viejas
experiencias valgan por las nuevas, porque es
lo mismo pedir a Dios nuevas liberaciones así
como orar por nuevos perdones. Observa cómo
Moisés ruega ante Dios en tal situación: *Perdona,
te ruego, la iniquidad de este pueblo... como has
perdonado a este pueblo desde Egipto hasta aquí.*
Él no dice como lo hacen los hombres: "Señor,
esta es la primera falta; nunca antes te has
molestado en firmar su perdón". Más bien dice:
"Señor, como los has perdonado tantas veces, te
ruego que los perdones una vez más". Por eso,
en nuevas dificultades, diga el creyente: "Señor,
muchas veces has escuchado, ayudado y salvado
en años anteriores; por tanto, ahora ayuda de
nuevo, porque contigo abunda la redención, y
Tu brazo no se ha acortado".

8. Ten confianza en que estás cumpliendo con tu
deber y eso generará santo valor en tiempos de
peligro. ¿Y quién os podrá hacer daño si demos-
tráis tener celo por lo bueno? O si alguien se
atreve a intentar hacerte daño, puedes enco-
mendarte valientemente a Dios haciendo el bien.
Fue esta contemplación la que elevó el espíritu
de Lutero por encima de todo temor y le hizo
decir: "Por la causa de Dios siempre soy y seré

valiente y así me presento: '¡No me rindo ante nadie!'". Una buena causa levantará el espíritu del hombre. Oye el dicho de un incrédulo, para vergüenza de los cristianos cobardes. Cuando el emperador Vespasiano ordenó a Fluidus Priseus que no fuera al Senado o que, si iba, no hablara más que lo que él quería que dijera, el senador respondió con esta noble respuesta: que siendo senador, convenía que estuviera en el Senado y si estando allí se le requiriera dar su consejo, hablaría libremente lo que su conciencia le ordenara. El emperador lo amenazó de muerte y él le respondió: "¿Te dije alguna vez que era inmortal? Tú haz lo que quieras y yo haré lo que debo. Está en tu poder matarme injustamente y en mi poder morir con fidelidad". La justicia es una coraza: que tiemblen los que el peligro encuentra fuera del camino del deber.

9. Quita toda culpa de tu conciencia rociándola con la sangre de Cristo y eso elevará tu corazón por encima de todo temor. Es la culpa que pesa en la conciencia la que reblandece y vuelve cobardes a nuestros espíritus: *los justos están confiados como un león*. Fue la culpa en la conciencia de Caín lo que le hizo gritar: *cualquiera que me halle me matará*. Una conciencia culpable ante los peligros imaginarios se aterroriza más que una conciencia pura ante los peligros reales. Un pecador culpable lleva un testimonio contra sí mismo en su propio corazón. Fue Herodes el

culpable quien gritó: *Este es Juan el Bautista. Él ha resucitado de entre los muertos.* Tal conciencia es el yunque del diablo, sobre el cual fabrica todas esas espadas y lanzas con las que el pecador culpable se traspasa. La culpa es al peligro como el fuego a la pólvora: un hombre no ha de tener miedo de caminar entre muchos barriles de pólvora si no lleva fuego.

10. Ejercita la santa confianza en tiempos de gran angustia. Confíale a Dios tu vida y tus provisiones y entonces tu corazón estará tranquilo. Esto fue lo que hizo David: *El día en que temo, yo en ti confío.* Es decir: "Señor, si en algún momento se levanta tormenta, me resguardaré de ella bajo el amparo de Tus alas". Acude a Dios mediante actos de fe y confianza, y nunca dudes que Él te guardará. *Al de firme propósito guardarás en perfecta paz, porque en ti confía,* dice Isaías. Dios se complace cuando acudes a Él de esta manera: "Padre, mi vida, mi libertad y mis bienes están expuestos y no puedo protegerlos; ¡permíteme dejarlos en Tu mano!". *A [Dios] se acoge el desvalido, ¿y su Dios le falla?* No. *Tú has sido amparo del huérfano;* es decir, ayudas al indigente, que no tiene a quién acudir sino a Dios. Este es un pasaje reconfortante: *No temerá recibir malas noticias; su corazón está firme, confiado en el Señor.* No dice: "Su oído será preservado de noticias malas". Tal vez oiga noticias tristes como los demás, pero su corazón

estará protegido del terror de esas noticias: *su corazón está firme.*

11. Busca más la honra de la religión, y menos tu seguridad personal. ¿Crees que es honrar la religión que los cristianos anden asustados como conejos, que se sobresaltan ante cada sonido? ¿No hará esto que el mundo piense que digas lo que digas, tus principios no son mejores que los de otros hombres? ¡Qué daño puede causar que te conozcan por miedoso! Nehemías dijo con nobleza: ¿Huir un hombre como yo? ¿Acaso uno como yo entraría al templo para salvar su vida? ¿No sería mejor que murieras a que el mundo tuviera prejuicios contra Cristo a causa de tu ejemplo? ¡Ay! El mundo (que juzga más por lo que ve en tus prácticas que por lo que entiende de tus principios) tiende a sacar conclusiones de tu cobardía, así que por mucho que elogies la fe y hables de seguridad y certeza, no confías en ellas como tampoco lo hacen ellos cuando se trata de estar a prueba. Oh, ¡no dejes que tus miedos constituyan tal obstáculo ante el mundo ciego!

12. El que quiera proteger su corazón del miedo debe primero asegurar el interés eterno de su alma en las manos de Jesucristo. Cuando lo hayas hecho, podrás decir: "Ahora, mundo, ¡haz lo peor que puedas!". No estarás muy preocupado por tu despreciable cuerpo cuando tengas la seguridad de que tu preciosa alma estará bien por toda la eternidad. *Y no temáis,* dice Cristo, *a los que*

matan el cuerpo, pero no pueden matar el alma.
El cristiano que confía puede decirles con sorna a
todos sus enemigos: "¿Es esto lo peor que puedes
hacer?". ¿Qué dices, cristiano? ¿Estás seguro de
que tu alma está a salvo, de que inmediatamente
después de tu muerte será recibida por Cristo
en vida eterna? Si estás seguro de eso, ¡nunca te
preocupes por cómo vas a morir!

13. A todos los miedos que te esclavizan acállalos
con el temor reverencial a Dios. Esta es una cura
que desviará tu mente del camino del miedo. Es
de sabiduría cristiana convertir en canales espirituales las pasiones del alma que más predomi-
nan: convertir la ira natural en celo espiritual, la
risa natural en santa alegría y el temor natural
en santo temor y temor reverencial a Dios. Este
método de curación lo prescribe Cristo en Mateo
10 y es similar en Isaías 8:12-13: *Ni teman lo que
ellos temen.* Pero ¿cómo podemos evitarlo? *Al
Señor de los ejércitos es a quien ustedes deben
tener por santo. Sea Él su temor, y sea Él su terror.*
El miedo natural puede aliviarse mediante el
razonamiento natural, o por la eliminación de
su origen. Sin embargo, es como una vela que
se apaga con un soplo de aire y que se vuelve a
encender fácilmente. Pero si el temor de Dios lo
apaga, entonces es como una vela apagada en agua,
que no se puede volver a encender con facilidad.

14. Derrama ante Dios en oración aquellos temores
que el diablo y tu propia incredulidad echan sobre

ti en tiempos de peligro. La oración es la mejor salida para el miedo. ¿Hay cristiano que no pueda poner su sello a esta instrucción? Te daré el mayor ejemplo para animarte a orar, que es el ejemplo de Jesucristo. Cuando se acercó la hora de Su peligro y muerte, entró en el huerto, se separó de Sus discípulos y allí luchó poderosamente con Dios en oración, hasta la agonía. A esto dice el apóstol: *en los días de Su carne, habiendo ofrecido oraciones y súplicas con gran clamor y lágrimas al que lo podía librar de la muerte, fue oído a causa de Su temor reverente.* Fue escuchado en cuanto a fuerza y apoyo para pasar por lo que pasaría, aunque no en cuanto a liberación o exención de ello. Oh, que estas cosas permanezcan contigo y las pongas en práctica en estos días malos, y que muchas almas temblorosas se afirmen con ellas.

El tiempo de las necesidades externas

La *quinta temporada* que requiere diligencia al guardar el corazón es el tiempo de las *necesidades externas.* Aunque en esos momentos podamos quejarnos *ante* Dios, pero no *de* Dios (el trono de la gracia está erigido para un "tiempo de necesidad") cuando las aguas del alivio se agotan y la necesidad comienza a apremiar, ¡hasta los mejores corazones tienden a no confiar en la fuente! Cuando la harina del barril y el aceite de la vasija casi se han acabado, nuestra fe y paciencia también se agotan. Es difícil ahora mantener el orgulloso e incrédulo corazón en santa quietud y dulce sumisión a los pies de Dios. Es fácil decir que confiamos en Dios para el pan de cada día mientras tenemos el granero o la bolsa llenos, pero no lo es afirmar como el profeta: *Aunque la higuera no eche brotes, ni haya fruto en las viñas; aunque falte el producto del olivo, y los campos no produzcan alimento; aunque falten las ovejas del redil, y no haya vacas en los establos, con todo yo me alegraré en el Señor, me regocijaré en el Dios de mi salvación. El Señor Dios es mi fortaleza; Él ha hecho mis pies como los de las ciervas, y por las alturas me hace caminar.* Seguramente no nos es fácil hacerlo.

¿Sabrías entonces cómo puede un cristiano evitar que su corazón dude de Dios o se queje contra Él cuando siente o teme necesidades externas? El caso merece ser considerado seriamente, y ahora en especial, ya que parece ser designio de la Providencia el vaciar al pueblo de Dios de su plenitud y familiarizarlo con aquellas dificultades que hasta ahora han sido totalmente ajenas. Para proteger el corazón de los peligros que acompañan a esta condición, las siguientes consideraciones pueden resultar eficaces mediante la bendición del Espíritu:

1. Si Dios te reduce a las necesidades, no te está tratando de manera diferente a lo que ha hecho con algunos de los hombres más santos que hayan existido. Tu condición no es singular. Aunque hasta ahora no habías conocido la necesidad, otros cristianos la conocen bien.

   Escucha lo que dice Pablo, no solo de sí mismo, sino también en nombre de otros cristianos reducidos a necesidades similares: *Hasta el momento presente pasamos hambre y sed, andamos mal vestidos, somos maltratados y no tenemos dónde vivir.* El ver a un hombre como Pablo yendo y viniendo por el mundo, ahora desnudo, hambriento y sin hogar, este alguien que estaba muy por encima de ti en gracia y santidad, aquel que sirvió más a Dios en un día de lo que quizás tú hayas hecho en todos tus días, ¡bien puede poner fin a tus quejas!

¿Has olvidado cuánto sufrió incluso David? ¡Qué grandes fueron sus dificultades! *Te ruego*, le dice a Nabal, *que de lo que tengas a mano, des a tus siervos y a tu hijo David.* ¿Pero por qué hablo de estos? He aquí uno mayor que todos ellos, el Hijo de Dios, *a quien [Dios] constituyó heredero de todas las cosas, por medio de quien hizo también el universo,* que algunas veces se hubiera alegrado de cualquier cosa, sin nada que comer. *Al día siguiente, cuando salieron de Betania, Jesús tuvo hambre. Y viendo de lejos una higuera con hojas, fue a ver si quizá pudiera hallar algo en ella.*

Por tanto, Dios no te ha puesto señal de odio, ni puedes inferir falta de amor por falta de pan. Cuando tu corazón quejoso pregunta: "¿Hubo alguna vez un dolor como el mío?", pregúntales a estos honorables y te dirán que, aunque no se quejaron como tú, ¡su condición era tan necesitada como la tuya!

2. Si Dios te ha dado una promesa al dejarte en esta condición, no tienes motivo para quejarte

o desanimarte por ello. Es ciertamente triste la condición que no conlleva ninguna promesa. Calvino, en su comentario sobre Isaías 9:1, explica en qué sentido la oscuridad del cautiverio no fue tan grande como la de las invasiones menores de Tiglat Pileser. En el cautiverio, la ciudad fue destruida y el templo quemado a fuego. No había comparación en la *aflicción*, pero la *oscuridad* no era tan grande porque, dice: "se hizo cierta *promesa* en este caso, pero ninguna en el otro". Es mejor estar tan abajo como el infierno *con* una promesa, que estar en el paraíso *sin* ninguna. Incluso la oscuridad del infierno mismo no sería comparativamente oscuridad en absoluto, si hubiera una promesa de iluminarla.

Ahora, Dios ha dejado muchas dulces promesas como estas para que la fe de Su pobre pueblo viva en esta condición: *Teman al Señor, ustedes Sus santos, pues nada les falta a aquellos que le temen. Los leoncillos pasan necesidad y tienen hambre, pero los que buscan al Señor no carecerán de bien alguno. Los ojos del Señor están sobre los justos... Y conservarlos con vida en tiempos de hambre. Nada bueno niega a los que andan en integridad. El que no negó ni a Su propio Hijo, sino que lo entregó por todos nosotros, ¿cómo no nos dará también junto con Él todas las cosas? Los afligidos y los necesitados buscan agua, pero no la hay, su lengua está reseca de sed. Yo, el Señor, les responderé, Yo, el Dios de Israel, no los abandonaré.* Aquí se ve su extrema necesidad, con el agua necesidad básica de la vida. Y la certeza de su alivio: *Yo, el Señor, les responderé,* donde se supone que claman a Él en su angustia, y Él oye su clamor. Teniendo, pues, estas promesas, ¿por qué no ha de concluir tu corazón desconfiado como lo hizo el de David: *El Señor es mi pastor; nada me faltará?*

"Pero estas promesas implican condiciones: si fueran absolutas proporcionarían más satisfacción", dirás. ¿Cuáles son esas condiciones tácitas de las que hablas? ¿Que Él suplirá o santificará tus necesidades, y que tendrás todo lo que Dios cree que necesitas? ¿Esto te preocupa? ¿Tendrías la misericordia, ya sea santificada o no, ya sea que Dios la considere adecuada para ti o no? Los apetitos de los cristianos por las cosas terrenales no serían tan voraces como para aprovechar con avidez cualquier disfrute sin tener en cuenta las circunstancias.

"Pero cuando las necesidades apremian y no veo de dónde vendrían los suministros, mi fe en la promesa se tambalea y yo, como Israel murmurador, clamo: 'Él dio pan, ¿puede también dar agua?'". ¡Oh corazón incrédulo! ¿Cuándo fracasaron Sus promesas? ¿Quién confió en ellas y se avergonzó? ¿Acaso no puede Dios reprenderte por tu infidelidad irracional, como en Jeremías 2:31: *He sido Yo un desierto para Israel?* O como Cristo dijo a sus discípulos: "Desde que estoy con ustedes,

¿les ha faltado algo?". Sí, no te reprendas a ti mismo; ¿Es que no puedes decir como el bueno de Policarpo: "Estos muchos años he servido a Cristo y he encontrado en Él un buen Maestro"?

De hecho, Él puede negarte lo que exige tu *rebeldía*, pero no lo que exige tu *necesidad*. No tomará en cuenta lo que pidan tus *concupiscencias*, pero no despreciará el clamor de tu *fe*. Aunque no satisfará tus *apetitos impuros*, no violará Sus propias y fieles promesas. Estas promesas son tu mejor seguridad para la *vida eterna*, y es extraño que no te satisfagan para el *pan de cada día*. Recuerda las palabras del Señor y calma con ellas tu corazón en medio de todas tus necesidades. Se dice de Epicuro que, en terribles paroxismos de cólico, a menudo se refrescaba recordando sus invenciones en filosofía; y del filósofo Posidonio cuentan que en un trastorno agudo se consolaba con discursos sobre la virtud moral, y cuando estaba angustiado, decía: "Oh, dolor, no haces nada; aunque eres un poco problemático, nunca confesaré que eres malvado". Si pudieron sostenerse sobre tales cosas sufriendo dolores tan atroces, e incluso engañaron a sus enfermedades con ellas, ¿las promesas de Dios y las dulces experiencias que las han acompañado paso a paso no valdrán más para hacerte olvidar todas tus necesidades y consolarte en cada dificultad?

3. Si ahora es malo, podría haber sido peor. ¿Dios te ha negado las comodidades de esta vida? Podría

haberte negado a Cristo, la paz y también el perdón. Entonces tu situación habría sido verdaderamente lamentable.

Sabes que Dios lo ha hecho con millones. ¿Cuántos desdichados ves cada día, que no tienen consuelo a su alcance ni esperanza alguna; que son miserables aquí y lo serán por la eternidad, que tienen una copa amarga y nada que la endulce? No, no hay para ellos esperanza de que mejoren las cosas. Pero no es así contigo. Aunque seas pobre en este mundo, eres *rico en fe y heredero del reino que Él prometió.* Aprende a poner las riquezas espirituales por encima de la pobreza temporal. Sopesa todos tus problemas actuales en comparación con tus privilegios espirituales. En efecto, si Dios le ha negado a tu alma el manto de justicia para *vestirla*, el maná escondido para *alimentarla*, la mansión celestial para *recibirla*, bien podrías sentirte melancólico; pero la consideración de que Él no lo ha hecho puede brindarte consuelo ante cualquier angustia externa. Cuando Lutero comenzó a verse presionado por la necesidad, dijo: "Contentémonos con nuestra difícil situación; porque ¿no nos deleitamos con Cristo, el pan de vida?". *Bendito sea el Dios y Padre de nuestro Señor Jesucristo,* dijo Pablo, *que nos ha bendecido con toda bendición espiritual.*

4. Aunque esta aflicción es grande, Dios tiene aflicciones mucho mayores con las que disciplina a Sus amados en este mundo. Si Él eliminara esta

aflicción y te enviara esas otras, pensarías que tu estado actual es muy cómodo. Así que bendice a Dios por estar como estás ahora. Si Dios eliminara tus problemas actuales, supliera todas tus necesidades externas, te concediera el deseo de tu corazón en comodidades materiales, pero ocultara de ti Su rostro, disparara Sus flechas a tu alma e hiciera que Su veneno consumiera tu espíritu; si dejara que Satanás te golpee durante unos días, si mantuviese tus ojos abiertos durante algunas noches con los horrores de tu conciencia, dando vueltas hasta que amanezca; si te condujera a través de las cámaras de la muerte, te mostrase visiones de oscuridad e hiciera que tus terrores se dispusieran contra ti, entonces dime si no considerarías una gran misericordia el volver a estar en tu anterior condición de necesidad, con paz de conciencia, y suficiente pan y agua, con el favor de Dios: un estado feliz. Entonces, cuídate de quejarte. No digas que Dios te trata con dureza, no sea que Le provoques para que te convenza por sentido propio de que tiene peores varas que estas para los hijos insumisos y desobedientes.

5. Si tu situación está mal ahora, pronto mejorará. Guarda tu corazón considerando esto: la harina en el barril casi se ha acabado; bueno, que así sea, ¿por qué debería preocuparme eso si ya casi no puedo necesitar ni usar estas cosas? El viajero ha gastado casi todo su dinero. "Bueno", dice, "aunque mi dinero casi está gastado, mi viaje

también casi ha terminado. Estoy cerca de casa y pronto estaré completamente abastecido". Si no hay velas en la casa, es un consuelo pensar que ya casi es de día y entonces no habrá necesidad de ellas. Me temo, cristiano, que crees mal cuando piensas que tu provisión casi se ha acabado y que tienes un largo camino por recorrer, muchos años para vivir y nada de qué vivir; puede que esos años no sean ni la mitad de lo que supones. Ten confianza en esto: si se te acaban las provisiones, o bien te llegarán provisiones nuevas aunque no sepas de dónde, o tal vez estás más cerca de lo que crees del final de tu viaje. Alma abatida, ¿le conviene a un hombre que viaja por el camino hacia esa ciudad celestial y habiendo casi llegado allí, a pocos días de camino de la casa de su Padre donde todas sus necesidades serán satisfechas, estar tan ansioso por un poco de comida, o de bebida, o ropa que teme necesitar en el camino? Los cuarenta mártires, cuando los dejaron desnudos en una noche helada para que murieran de hambre, dijeron con nobleza: "El invierno en verdad es duro y frío, pero el cielo es cálido y confortable. Aquí temblamos de frío, pero el seno de Abraham reparará todo".

"Pero puedo morir de necesidad", dice el alma abatida. ¿Quién murió así? ¿Cuándo fueron abandonados los justos? Si realmente es así, ¡es que tu viaje ha terminado y estás completamente abastecido!

"Pero no estoy seguro de eso; si estuviera seguro del Cielo, sería otra cuestión". ¿No estás seguro de eso? Entonces tienes otras cosas de qué preocuparte además de estas; creo que estas deberían ser las menores de todas tus preocupaciones. No creo que las almas confundidas porque les falta Cristo, el perdón de los pecados, etc., suelan estar muy preocupadas por estas cosas. El que seriamente hace preguntas como: "¿Qué debo hacer para ser salvo? o ¿Cómo puedo saber que mi pecado ha sido perdonado?" no se preocupa por cosas como "¿Qué comeré, qué beberé o con qué me vestiré?".

6. ¿Corresponde que los hijos de un Padre así no confíen en Su total suficiencia, o se quejen de cualquiera de Sus distribuciones? ¿Es bueno cuestionar Su cuidado y amor ante cada nueva emergencia? Dime, ¿no te has avergonzado de esto antes? ¿No te ha hecho sonrojar la provisión oportuna que recibiste de tu Padre en dificultades anteriores, y te ha hecho decidir nunca más cuestionar Su amor y cuidado? ¿Y aun así renovarás de nuevo tus indignas sospechas sobre Él? ¡Niño hipócrita! Razona esto contigo mismo: "Si perezco por falta de lo que es bueno y necesario para mí, debe ser porque mi Padre no conoce mis necesidades, no tiene nada con qué suplirlas, o no le importa lo que sea de mí. ¿Cuál de estas cosas debería imputarle? No lo primero: *porque su Padre sabe lo que ustedes necesitan antes que*

ustedes lo pidan. Ni lo segundo: porque *del Señor es la tierra y todo lo que hay en ella*; su nombre es Dios Todosuficiente. Tampoco, lo último: *porque Como un padre se compadece de sus hijos, así se compadece el Señor de los que le temen; el Señor es muy compasivo y misericordioso; Él da su alimento al ganado y a la cría de los cuervos cuando chillan*; ¿y no me oirá? *Miren las aves del cielo*, dice Cristo; no las aves en la puerta, que son alimentadas todos los días con las manos, sino las aves del cielo que no tienen quién las mantenga. ¿Alimenta y viste a Sus enemigos y se olvidará de Sus hijos? Escuchó incluso el grito de angustia de Ismael. Oh, incrédulo corazón mío, ¿dudas todavía?".

7. No es la pobreza tu pecado, sino tu aflicción. Si no lo has provocado tú mismo por medios pecaminosos y si es solo una aflicción, podrás soportarla más fácilmente. En verdad, es difícil soportar una aflicción que nos sobreviene como fruto y castigo del pecado. Cuando los hombres están en problemas por eso, dicen: "Oh, si tan solo fuera una sola aflicción proveniente de la mano de Dios a modo de prueba, podría soportarla; pero como lo he provocado por el pecado, viene como castigo de mi pecado; las marcas del disgusto de Dios están sobre ella, es la culpa interior la que preocupa e irrita más que la carencia exterior". Pero en este caso no es así; por lo tanto, no tienes motivo para sentirte abatido.

"Pero aunque no hay ningún aguijón de culpa, esta condición no carece de otros aguijones, como por ejemplo el del descrédito de la religión. No puedo cumplir con mis compromisos en el mundo y, por lo tanto, es probable que la religión se vea afectada". Es bueno que tengas un corazón que busque cumplir con cada deber; sin embargo, si Dios te incapacita por providencia, no es un descrédito para tu profesión que no hagas lo que no puedes hacer, siempre y cuando sea tu deseo y esfuerzo hacer lo que puedes y debes hacer. Y en este caso la voluntad de Dios es que se ejerza misericordia y paciencia hacia ti.

"Pero me entristece contemplar las necesidades de otros, a quienes solía aliviar y reconfortar, pero ahora no puedo". Si no puedes, deja de ser tu deber y Dios acepta que tu alma salga hacia los hambrientos con compasión y deseo de ayudarlos, aunque no puedas abrir una bolsa llena para aliviarlos y abastecerlos.

"Pero encuentro que tal condición está llena de tentaciones, un gran obstáculo en el camino al Cielo". Cada condición en el mundo tiene sus obstáculos y tentaciones, y si estuvieras en una condición próspera, podrías tener más tentaciones y menos ventajas que ahora. Porque aunque confieso que tanto la pobreza como la prosperidad tienen sus tentaciones, confío en que la prosperidad no tiene las ventajas que tiene la pobreza. Aquí tienes la oportunidad de descubrir la sinceridad de tu amor por Dios, cuando puedes vivir de Él, encontrar suficiente en Él y seguirlo constantemente, incluso cuando todos los incentivos y motivos externos fallan.

Así te he mostrado cómo guardar tu corazón de las tentaciones y peligros que acompañan a condición del que sufre o pierde en este mundo. Cuando la necesidad oprime y el corazón comienza a hundirse, entonces mejóralo, y bendice a Dios por estas ayudas para guardarlo.

Tiempo del deber

La *sexta temporada* que requiere esta diligencia en guardar el corazón es el *tiempo del deber*. Debemos vigilar y guardar nuestros corazones muy de cerca cuando nos acercamos a Dios en deberes públicos, privados o secretos; porque la vanidad del corazón rara vez se descubre más que en esos momentos. Cuán a menudo claman las pobres almas: "Oh, Señor, con qué gusto te serviría, pero los pensamientos vanos no me lo permiten. Vengo a abrirte mi corazón, a deleitar mi alma en la comunión contigo, pero mis corrupciones se me oponen. Señor, desecha estos pensamientos vanos y no permitas que prostituyan el alma que está desposada contigo".

La pregunta entonces es esta: ¿cómo se puede evitar que el corazón se distraiga con pensamientos vanos en el tiempo del deber? Hay una doble distracción o extravío del corazón en el deber. Primero, distracciones voluntarias y habituales: *Generación que no preparó su corazón, y cuyo espíritu no fue fiel a Dios.* Este es el caso de los formalistas y procede de la falta de una santa inclinación del corazón hacia Dios; sus corazones están bajo el poder de sus concupiscencias y, por lo tanto, no es de extrañar que vayan tras sus concupiscencias, incluso cuando están cerca de cosas santas. En segundo lugar, distracciones involuntarias y lamentadas: *Así que, queriendo yo hacer el bien, hallo la ley de que el mal está presente en mí... ¡Miserable de mí!,* etc. Esto no procede de la falta de inclinación u objetivo santo, sino de la debilidad de la gracia y la falta de vigilancia para oponerse al pecado que mora en nosotros. Pero no es asunto mío mostrarte cómo llegan estas distracciones al corazón, sino más bien cómo sacarlas e impedir su admisión futura.

1. Aléjate de todas las ocupaciones terrenales y reserva algún tiempo para prepararte y solemnemente encontrarte con Dios en el deber. No puedes venir directamente del mundo a la presencia de Dios y no encontrar sabor a mundo en tus deberes. Con el corazón (minutos antes sumergido en el mundo y ahora en la presencia de Dios) sucede como con el mar después de una tormenta, que todavía sigue agitándose, embarrado e inquieto, aunque el viento se ha calmado y la tormenta ya pasó. Tu corazón debe tener algo de tiempo para calmarse. Pocos músicos pueden tomar un instrumento y tocarlo sin dedicar tiempo y esfuerzo a afinarlo. Pocos cristianos pueden decir con David: *Firme está mi*

corazón, oh Dios, mi corazón está firme. Cuando acudas a Dios en cualquier deber, aparta a tu corazón a un lado y di: "Oh, alma mía, ahora estoy ocupado en el trabajo más grande en el que jamás haya estado empleada una criatura; voy a la presencia solemne de Dios por asuntos de importancia eterna. Oh, alma mía, deja ahora las tonterías; mantente serena, atenta, seria; este no es un trabajo común, es un trabajo del alma; es trabajo para la eternidad, es una obra que dará fruto para vida o muerte en el mundo venidero". Haz una pausa y considera tus pecados, tus necesidades, tus problemas. Reflexiona sobre estos pensamientos por un momento antes de dedicarte al deber. David primero reflexionaba y luego hablaba con su lengua.

2. Habiendo primero compuesto tu corazón mediante la meditación, inmediatamente pon en guardia tus sentidos. ¡Sucede muy a menudo que los cristianos corren peligro de perder los ojos de su mente a causa de los ojos de su cuerpo! David oró contra esto: *Aparta mis ojos de mirar la vanidad, y vivifícame en Tus caminos.* Esto puede servir para ilustrar el proverbio árabe: "Cierra las ventanas para que haya luz en la casa". Sería bueno que al empezar pudieras decir, como dijo una vez un hombre devoto al regresar del cumplimiento del deber: "Ciérrense, ojos míos, ciérrense; porque es imposible que alguna vez puedan discernir tanta belleza y gloria en cualquier criatura como la que

yo he visto ahora en Dios". Debes evitar todas las distracciones externas y absorber esa intensidad de espíritu en la obra de Dios que bloquea el ojo y el oído contra lo vano.

3. Ruega a Dios que te dé una imaginación moderada. La imaginación fértil, por mucho que sea admirada entre los hombres, es una gran trampa para el alma a menos que trabaje en comunión con la recta razón y un corazón santificado. La imaginación es un poder del alma, situada entre los sentidos y el entendimiento; es lo que primero se mueve en el alma y por sus movimientos se ponen en ejercicio los demás poderes del alma. Es aquello en donde se forman los pensamientos y, según sea la imaginación así serán los pensamientos. Si primero no se derriba lo imaginado es imposible que cada pensamiento del corazón sea llevado a la obediencia a Cristo. La imaginación es por naturaleza el poder más salvaje e indomable del alma. Algunos cristianos tienen mucho que hacer al respecto. Cuanto más espiritual es el corazón, tanto más lo perturba y confunde una imaginación salvaje y vana. Es triste que la imaginación impida al alma esperar en Dios cuando está comprometida en comunión con Él. Ora con fervor y perseverancia para que tu imaginación sea disciplinada y santificada. Cuando logres esto, tus pensamientos serán regulares y fijos.

4. Si quieres guardar tu corazón de vanas excursiones

cuando estás ocupado en tus deberes, toma consciencia por la fe de la santa y solemne presencia de Dios. Si la presencia de un gran hombre te haría tomarte las cosas en serio, ¿cuánto más debería hacerlo la presencia de un Dios santo? ¿Crees que te atreverías a tomarte las cosas a la ligera, o a andar bromeando si advirtieras la presencia e inspección del Ser divino? Recuerda dónde te encuentras cuando cumples con tu deber religioso y actúa como si creyeras en la omnisciencia de Dios. *Todas las cosas están al descubierto y desnudas ante los ojos de Aquel a quien tenemos que dar cuenta.* Date cuenta de Su infinita santidad, de Su pureza, de Su espiritualidad.

Esfuérzate por lograr la comprensión de la grandeza de Dios de modo que afecte como debe a tu corazón, y recuerda Su celo porque Le adoremos. *Esto es lo que el Señor dijo: Como santo seré tratado por los que se acercan a Mí, y en presencia de todo el pueblo seré honrado.* "Un hombre que está orando", dice Bernard, "debe comportarse como si estuviera entrando en el atrio del Cielo, donde ve al Señor en Su trono, rodeado de diez mil de Sus ángeles y santos que Le ministran". Cuando vienes de una actividad en la que tu corazón ha estado vagando y apático, ¿qué puedes decir? Supongamos que todas las vanidades e impertinencias que han pasado por tu mente durante un ejercicio devocional estuvieran escritas e insertadas junto a tus peticiones;

¿tendrías la audacia de presentárselas a Dios? Si tu lengua expresara todos los pensamientos de tu corazón cuando asistes a la adoración de Dios, ¿no te aborrecerían los hombres? Sin embargo, ¡Dios conoce perfectamente tus pensamientos! Piensa en esta Escritura: *Dios muy temido en el consejo de los santos, e imponente sobre todos los que están en Su derredor.* ¿Por qué descendió el Señor con truenos, relámpagos y nubes oscuras sobre el Sinaí? ¿Por qué los montes humearon debajo de Él, y el pueblo tembló y se estremeció a Su alrededor, e incluso Moisés mismo? Fue para enseñar al pueblo esta gran verdad: *Demostremos gratitud, mediante la cual ofrezcamos a Dios un servicio aceptable con temor y reverencia; porque nuestro Dios es fuego consumidor.* Tal comprensión del carácter y la presencia de Dios rápidamente reducirán al corazón inclinado a la vanidad a una actitud más seria.

Mantén tu corazón en actitud de oración en los intervalos del deber. ¿Cuál es la razón por la que nuestros corazones están tan embotados, tan descuidados, tan errantes cuando escuchamos u oramos, sino que ha habido largos intervalos en nuestra comunión con Dios? Si ese celo divino, ese fervor espiritual y esas santas impresiones que obtenemos de Dios mientras nos ocupamos de un deber se conservaran para animarnos y ocuparnos en el desempeño de otro, serían de incalculable servicio para que nuestros corazones fueran siempre devotos. Para este propósito, son de excelente utilidad las frecuentes expresiones de alabanza, por ejemplo, entre los deberes declarados y los solemnes. No solo preservan la mente en un marco sereno y piadoso, sino que también conectan un deber declarado, por así decirlo, con otro, y mantienen viva la atención del alma hacia todos sus intereses y obligaciones.

5. Si quieres impedir la distracción de tus pensamientos, entonces esfuérzate por elevar tus afectos a Dios y ocuparlos con fervor en tu deber. Cuando el alma está concentrada en cualquier trabajo, reúne sus fuerzas y dirige todos sus pensamientos a ese trabajo. Cuando se ve profundamente afectada, perseguirá su objeto con intensidad y los afectos ganarán ascendencia sobre los pensamientos y los guiarán. Pero la inacción causa distracción, y la distracción aumenta la inacción. Si pudieras considerar tus deberes como el método para andar en comunión con Dios, para que tu alma pueda llenarse de esos deleites deslumbrantes e incomparables que brinda Su presencia, no tenderías a descuidarlos. Si quieres evitar la recurrencia de pensamientos que te distraen, si quieres encontrar tu felicidad en el cumplimiento del deber, no solo debes tener cuidado de cumplir con él sino también trabajar con esfuerzo paciente y perseverante para que involucre a tus sentimientos. ¿Por qué tu corazón es tan inconsistente, especialmente en

los deberes secretos? ¿Por qué estás listo para irte casi tan pronto como llegas a la presencia de Dios? Es porque tus pensamientos no están ocupados en Él.

6. Cuando estés perturbado por pensamientos vanos, humíllate ante Dios y pide ayuda al Cielo. Nunca supongas que los pensamientos errantes al cumplir con tus deberes son apenas asuntos menores; que a cada uno de esos pensamientos le siga un profundo pesar. Dirígete a Dios con palabras como éstas: "Señor, vine aquí para tener comunión Contigo, y aquí se me han opuesto un adversario activo y un corazón vanidoso, conspirando juntos. ¡Oh, Dios mío! ¡Qué vil corazón tengo! ¿Es que nunca Te atenderé sin distracciones? ¿Cuándo disfrutaré de una hora de comunión en libertad Contigo? Concédeme Tu asistencia en este momento; revélame Tu gloria, y mi corazón se recuperará pronto. Vine aquí para disfrutarte, ¿y me iré sin Ti? ¡Mira mi angustia y ayúdame!". Si te lamentas lo suficiente de tus distracciones y acudes a Dios para que te libere de ellas, obtendrás alivio.

7. Mira el éxito y el consuelo de tus deberes como si de ellos dependiera en mucho el mantener tu corazón cerca de Dios. Estas dos cosas –el éxito del deber y el consuelo interior que surge de su cumplimiento– son indescriptiblemente valiosas para el cristiano, pero ambas se perderán si el corazón está en estado de apatía. *Ciertamente el*

clamor vano no escuchará Dios, el Todopoderoso no lo tomará en cuenta. La promesa se hace a un corazón comprometido: *Me buscarán y me encontrarán, cuando me busquen de todo corazón.* Cuando encuentres tu corazón bajo el poder de la muerte y la distracción, dite a ti mismo: "¡Oh, lo que pierdo ahora por no guardar mi corazón! Mis tiempos de oración son las partes más valiosas de mi vida. Si pudiera elevar mi corazón a Dios, podría obtener misericordias que serían motivo de alabanza por toda la eternidad".

8. Considera tu cuidado o descuido en este asunto como prueba segura de tu sinceridad o de tu hipocresía. Nada alarmará más a un corazón recto que esto. "¡Qué! ¿Debo ceder ante el hábito de mi corazón de alejarse de Dios? ¿Aparecerá en mi alma la mancha del hipócrita? Los hipócritas, de hecho, pueden trabajar duro en el cumplimiento del deber sin considerar nunca la condición de sus corazones, pero ¿debería hacerlo yo? ¡Nunca! Nunca dejes que me sienta satisfecho con deberes vacíos. ¡Nunca me dejes despedirme de un deber hasta que mis ojos hayan visto al Rey, el Señor de los Ejércitos!".

9. Será de especial utilidad mantener tu corazón con Dios en el deber, para considerar qué influencia tendrán todos tus deberes sobre tu eternidad. Tus épocas religiosas son tus tiempos de siembra, y en el mundo eterno debes cosechar los frutos de lo que siembras en tus deberes aquí. Si siembras

para la carne, cosecharás corrupción; si siembras para el Espíritu, cosecharás vida eterna. Responde seriamente a estas preguntas: ¿estás dispuesto a cosechar el fruto de la vanidad en el mundo venidero? Cuando tus pensamientos vagan hasta los confines de la tierra en cumplimiento del deber, cuando apenas te importa lo que dices u oyes, ¿te atreves a decir "ahora, Señor, estoy sembrando para el Espíritu; ahora estoy proveyendo y guardando para la eternidad, ahora busco gloria, honor e inmortalidad; ahora me esfuerzo por entrar por la puerta estrecha; ahora tomo el reino de los cielos con santa violencia"? Esta clase de reflexiones están bien calculadas para disipar pensamientos vanos. Estas son las instrucciones para que guardes tu corazón cuando estés cumpliendo con tus deberes.

Cuando recibimos injurias y abusos por parte de los hombres

La *séptima temporada* que requiere más que la diligencia común para guardar el corazón es cuando *recibimos injurias y abusos por parte de los hombres*. La depravación y corrupción del hombre ha llegado a tal punto que unos y otros se atacan como lobos o tigres. Así como los hombres son naturalmente crueles y opresivos los unos con los otros, los malvados conspiran para abusar y hacer daño al pueblo de Dios. *El impío devora al que es más justo que él.* Ahora bien, cuando sufrimos ataques y nos agravian es difícil apartar el corazón de

la venganza y hacer que encomiende dócil y silencio-
samente la causa a Aquel que juzga con rectitud, nos
cuesta alejarnos del pecado de vengarnos. El espíritu
que está en nosotros anhela venganza, pero eso no
debe suceder. Tenemos ayudas selectas en el evangelio
para guardar nuestros corazones y no actuar en contra
de nuestros enemigos, ayudas que endulzan nuestros
espíritus amargados. ¿Te preguntas cómo puede un
cristiano guardar su corazón apartándose de las acciones vengativas ante las mayores injurias y abusos de
los hombres? Respondo: cuando sientas que tu corazón
comienza a inflamarse por sentimientos de venganza,
reflexiona inmediatamente sobre las siguientes cosas:

1. Recuérdale a tu corazón las severas prohibiciones
   de venganza contenidas en la Palabra de Dios.
   Por muy gratificante que pueda ser la venganza
   para tus tendencias corruptas, recuerda que
   está prohibida. Escucha la Palabra de Dios: *No
   digas: Como él me ha hecho, así le haré; pagaré
   al hombre según su obra. Nunca paguen a nadie
   mal por mal. Nunca tomen venganza ustedes
   mismos, sino den lugar a la ira de Dios, porque
   escrito está: 'Mía es la venganza, Yo pagaré', dice
   el Señor.* Al contrario, *si tu enemigo tiene hambre,
   dale de comer; y si tiene sed, dale de beber.* Ese
   ha sido el argumento urgido por los cristianos
   para demostrar que su religión es sobrenatural y
   pura, que prohíbe la venganza que apela a nuestra naturaleza humana, y es de desear que tal
   argumento no sea desechado. Llena tu corazón
   de temor reverente, entonces, con la autoridad de

Dios en las Escrituras, y cuando la razón carnal diga: "Mi enemigo merece que lo odie", que la conciencia responda: "¿Pero merece Dios que Le desobedezca? Mi enemigo ha hecho esto y aquello otro, y también me ha agraviado. ¿Pero qué ha hecho Dios para que yo le haga daño? Si mi enemigo se atreve a romper mi paz con valentía, ¿debería yo ser tan malvado como para violar la ley de Dios? Si mi enemigo no teme hacerme daño, ¿no debería yo temer hacerle daño a Dios?". Así, deja que el temor reverencial a Dios restrinja y calme tus sentimientos.

2. Mira los patrones más eminentes de mansedumbre y perdón para que sientas la fuerza de su ejemplo. Esta es la manera de cortar de raíz con la habitual sed de venganza de la carne y el hueso que te dicen cosas como: "Nadie ha de soportar tal afrenta". Sí, otros han soportado ofensas, tan malas como esta, y peores. "¡Pero seré considerado un cobarde, un tonto si paso por alto esto!". Eso no te importa, siempre y cuando sigas el ejemplo de los hombres más sabios y santos. Nunca nadie sufrió mayores abusos de los hombres que Jesús, ni nadie jamás soportó el insulto y el reproche y toda clase de insultos de manera más pacífica y buscando perdonar. Cuando Lo injuriaban, Él no respondía; cuando sufrió, no amenazó; cuando Sus asesinos lo crucificaron, oró: *Padre, perdónalos*. En esto nos ha dado un ejemplo que debemos seguir en Sus pasos. Así lo imitaron

Sus apóstoles: *Cuando nos ultrajan, bendecimos. Cuando somos perseguidos, lo soportamos. Cuando hablan mal de nosotros, tratamos de reconciliar.*

A menudo he oído decir del Sr. Dod que cuando un hombre, enfurecido por su doctrina concluyente y convincente, lo agredió, lo golpeó en la cara y le arrancó dos dientes, este manso siervo de Cristo escupió en su mano los dientes y la sangre, y dijo: "Mira, me has arrancado dos dientes, y eso sin ninguna provocación justa; pero con la condición de que pueda hacer bien a tu alma te daría permiso para sacarme a golpes todos los demás". Aquí quedó ejemplificada la excelencia del espíritu cristiano. Esfuérzate, pues, por este espíritu que constituye la verdadera excelencia de los cristianos. Haz lo que otros no pueden hacer, mantén este espíritu en ejercicio y conservarás la paz en tu propia alma y obtendrás la victoria sobre tus enemigos.

3. Considera el carácter de la persona que te ha hecho daño. Quizá sea un hombre piadoso, o un hombre malvado. Si es un hombre piadoso, hay luz y ternura en su conciencia que tarde o temprano le hará conocer el mal de lo que ha hecho. Si es un hombre piadoso, Cristo le ha perdonado mayores injurias que las que te ha hecho a ti. ¿Por qué no deberías perdonarlo? ¿No lo reprenderá Cristo por ninguno de sus errores, sino que los perdonará todos francamente? ¿Lo

tomarás por el cuello por alguna ofensa menor que hayas sufrido de su parte?

Pero si un hombre malvado te ha ofendido o insultado, en verdad tienes más motivos para sentir compasión hacia él en lugar de querer vengarte. Porque su estado es de engaño, de miseria, es esclavo del pecado y enemigo de la justicia. Si alguna vez se arrepiente, estará dispuesto a darte una compensación; si continúa sin arrepentirse, llegará el día en que será castigado según la magnitud de sus acciones. No necesitas estudiar la venganza; Dios ejecutará venganza sobre él.

4. Recuerda que con la venganza solo puedes gratificar a la pasión de pecado, mientras que con el perdón podrías conquistar. Supongamos que mediante la venganza pudieras destruir a un enemigo; sin embargo, ejercitando el temperamento cristiano podrías conquistar tres enemigos a la vez: tu propia lujuria, la tentación de Satanás y el corazón de tu enemigo. Si por la venganza vencieras a tu enemigo, la victoria sería infeliz e ignominiosa porque al lograrla te habrá vencido tu propia corrupción; pero si ejercitas un temperamento manso y de perdón, siempre obtendrás honor y éxito. La persona sobre la cual no funcionen la mansedumbre y el perdón ha de ser realmente vil. Debe ser un corazón de pedernal el que este fuego no derrita. Así David obtuvo tal victoria sobre Saúl, su perseguidor,

que *Saúl alzó su voz y lloró. Y dijo a David: Eres más justo que yo.*

5. Con seriedad, plantéale a tu propio corazón esta pregunta: ¿han obrado en mí algún bien los males y ofensas que he recibido? Si no te han hecho ningún bien, véngate contra ti mismo. Tienes motivos para sentirte lleno de vergüenza y tristeza por tener un corazón que no puede deducir ningún bien de tales problemas, y por tener un temperamento tan diferente al de Cristo. ¡La paciencia y la mansedumbre de otros cristianos han aprovechado todas las injurias que sufrieron! Sus almas se han animado a alabar a Dios aun bajo el peso de los reproches del mundo. "Doy gracias a mi Dios", dijo Jerónimo, "porque soy digno de ser odiado por el mundo". Pero si has logrado algo bueno de los reproches y agravios que has recibido, si te han hecho examinar tu propio corazón, si te han hecho más cuidadoso en cómo conduces tu vida, si te han convencido del valor de temperamento santificado, ¿no lo perdonarás? ¿No perdonarás a alguien que te ha hecho tanto bien? ¿Y qué, si el otro pretendía hacerte mal? Si a través de la bendición divina tu felicidad ha sido promovida por lo que te ha hecho, ¿por qué siquiera piensas mal de él?

6. Considera quién ordena todos tus problemas. Esto te será de gran utilidad para alejar tu corazón de la venganza; esto calmará y endulzará rápidamente tu temperamento. Cuando Simei

arremetió contra David y lo maldijo, el espíritu de ese hombre piadoso no se dejó envenenar en absoluto por la venganza. Cuando Abisai le ofreció, si quería, la cabeza de Simei, *el rey dijo: ...Si él maldice, y si el Señor le ha dicho: "Maldice a David", ¿quién, pues, le dirá: "¿Por qué has hecho esto?"?* Puede ser que Dios lo use como Su vara para castigarme, porque por mi pecado di ocasión a blasfemar a los enemigos de Dios; ¿y puedo enojarme con el instrumento? ¡Sería irracional!

Así fue cómo Job quedó en calma. No insultó ni pensó en vengarse de los caldeos y de los sabeos, sino que consideró a Dios como el autor de sus angustias, y dijo: *El Señor quitó; bendito sea el nombre del Señor.*

7. Considera cómo te equivocas con Dios cada día y hora. Así no te enardecerás tan fácilmente pensando en la venganza contra aquellos que te han hecho daño. Estás constantemente faltándole el respeto a Dios, pero Él no se venga de ti sino que te tiene paciencia, y te perdona. ¿Te levantarás y te vengarás de los demás? Reflexiona sobre esta dura reprensión: *Siervo malvado, te perdoné toda aquella deuda porque me suplicaste. ¿No deberías tú también haberte compadecido de tu consiervo, así como yo me compadecí de ti?* No hay otro que deba estar tan lleno de paciencia y misericordia hacia aquellos que les hacen daño como aquel que ha experimentado las riquezas de la misericordia. La misericordia de Dios hacia

nosotros debería derretir nuestros corazones en misericordia hacia los demás. Es imposible que seamos crueles con los demás a menos que olvidemos cuán bondadoso y compasivo ha sido Dios con nosotros. Y si la bondad no puede prevalecer en nosotros, creo que el temor debería hacerlo: *Pero si no perdonan a los hombres, tampoco su Padre les perdonará a ustedes sus transgresiones.*

8. Que el saber que el día del Señor se acerca te impida anticiparlo con actos de venganza. ¿Por qué te apresuras tanto? ¿No está el Señor cerca para vengar a todos Sus siervos que han sufrido abuso o injuria? *Por tanto, hermanos, sean pacientes hasta la venida del Señor. Miren cómo el labrador espera el fruto precioso de la tierra.* Ten paciencia tú también, porque la venida del Señor está cerca. No guarden rencor los unos para con los otros, hermanos, o serán condenados. ¡He aquí, el juez está a la puerta! La venganza Le pertenece a Dios, ¿y te equivocarás tanto como para adjudicarte Su obra?

Cuando nos enfrentamos a grandes pruebas

La *octava temporada* en la que es necesario un esfuerzo especial para guardar el corazón es cuando nos enfrentamos a *grandes pruebas.* En tales casos, el corazón tiende a sentirse transportado repentinamente por el orgullo, la impaciencia u otras pasiones de pecado. Muchas personas buenas son culpables de conducta apresurada y muy pecaminosa en tales situaciones. Todos debemos usar diligentemente los siguientes medios para mantener nuestro corazón sumiso y paciente en grandes pruebas:

1. Mantente humilde y no te creas más que otros. El hombre humilde es siempre paciente. El orgullo es la fuente de las pasiones irregulares y pecaminosas. El espíritu altivo será inflexible e irritable. Cuando nos sobrevaloramos, pensamos que nos tratan indignamente, que nuestras pruebas son demasiado severas. Entonces cavilamos, y nos quejamos. Cristiano, deberías tener pensamientos sobre ti mismo que detengan estas murmuraciones. ¡Deberías tener una idea más baja y humilde de ti mismo que la que cualquier otra persona tiene de ti! Consigue humildad y tendrás paz, sea cual sea tu prueba.

2. Cultiva el hábito de la comunión con Dios. Esto te preparará para cualquier cosa que pueda suceder. Esto endulzará tu temperamento y calmará tu mente para protegerte de sorpresas. Esto producirá esa paz interior que te hará superior a tus pruebas. La comunión habitual con Dios te dará un disfrute que nunca querrás interrumpir por sentimientos de pecado. Cuando un cristiano se mantiene tranquilo y sumiso ante sus aflicciones, puede obtener apoyo y consuelo de esta manera. Pero el que está molesto, impaciente o inquieto demuestra que no todo está bien dentro de sí

mismo. No se puede suponer que esté teniendo comunión con Dios.

3. Imprime profundamente en tu mente el entendimiento de la naturaleza maligna y los malos efectos del ánimo insumiso que no halla la paz. Esto entristece al espíritu de Dios y provoca Su partida. Su presencia e influencia de gracia se disfrutan solo donde prevalecen la paz y la calma sumisión. Si cedes ante el ánimo insumiso le darás al adversario una ventaja. Satanás es un espíritu enojado y descontento. No encuentra descanso si no es en los corazones que no tienen paz. Se despierta cuando los espíritus están en conmoción. A veces llena el corazón de pensamientos ingratos y rebeldes. A veces inflama la lengua con lenguaje indecente. Además, tal ánimo trae gran culpa a la conciencia, descalifica al alma para cualquier deber, y deshonra el apelativo de cristiano. Oh, guarda tu corazón y deja que el poder y la excelencia de tu religión se manifiesten principalmente cuando te encuentres en la mayor angustia.

4. Considera lo deseable en un cristiano: que supere sus malas inclinaciones. Cuánta más felicidad presente brinda esto; cuánto mejor es en todos los aspectos amortiguar y someter los sentimientos impíos antes que cederles el paso. Cuando estés en tu lecho de muerte y revises serenamente tu vida, qué consuelo será reflexionar sobre la conquista que lograste sobre los malos sentimientos

de tu corazón. Memorable ha sido lo que dijo el emperador Valentiniano cuando estaba a punto de morir: "Entre todas mis conquistas, solo hay una que ahora me consuela". Cuando se le preguntó cuál era, respondió: "He vencido a mi peor enemigo, ¡mi propio corazón pecaminoso!".

5. Avergüénzate al contemplar el carácter de quienes más se han distinguido por la mansedumbre y la sumisión. Sobre todo, compara tu ánimo con el espíritu de Cristo. *Aprendan de Mí, que Yo soy manso y humilde de corazón.* Se dice de Calvino y Ursino que, aunque ambos eran de naturaleza irascible, habían absorbido y cultivado la mansedumbre de Cristo de tal manera que no pronunciaron una palabra inadecuada ante las mayores provocaciones. E incluso muchos de los paganos han manifestado gran moderación y paciencia ante las más severas aflicciones. ¿No es una vergüenza reprochable que te dejes superar por ellos?

6. Evita todo lo que esté destinado a irritar tus sentimientos. Hay verdadero valor espiritual en mantenerse lo más lejos posible del camino del pecado. Si puedes evitar toda excitación que lleve a sentimientos precipitados y rebeldes, o si logras controlarlos en sus inicios, tendrás poco que temer. Las primeras acciones de los pecados comunes son comparativamente débiles, van adquiriendo fuerza gradualmente; pero en tiempos de prueba los impulsos del pecado son más

fuertes al principio y el ánimo indómito estalla repentina y violentamente. Pero si en sus inicios resuelves resistirte a él, cederá y te dará la victoria.

La hora de la tentación

La *novena temporada* en la que se necesita la mayor diligencia y habilidad para guardar el corazón es la hora de la *tentación*, cuando Satanás ataca el corazón del cristiano y toma por sorpresa a los desprevenidos. Guardar el corazón en esos momentos es tanto una misericordia como un deber. Pocos cristianos son tan hábiles como para detectar las falacias y repeler los argumentos con los que el adversario los incita a pecar, logrando salir sanos y salvos de estos encuentros. Muchos cristianos eminentes han sufrido las consecuencias de la falta de vigilancia y diligencia en esos momentos. ¿Cómo puede entonces un cristiano evitar que su corazón ceda a la tentación? Hay varias formas principales en las que el adversario insinúa la tentación y te urge a hacer lo que él quiere:

1. Satanás sugiere que hay placer en algo, que es para disfrutarlo; la tentación se presenta con un rostro sonriente y una voz seductora: "¿Qué? ¿Eres tan aburrido y flemático como para no sentir los poderosos encantos del placer? ¿Quién podrá abstenerse de tales delicias?". Lector, puedes eludir el peligro de tales tentaciones resistiendo ante la primera propuesta del placer. La idea es que el pecado te proporcione placer. Supongamos

que fuera cierto; ¿serán placenteros también los reproches acusadores y condenatorios de la conciencia, y las llamas del infierno? ¿Hay placer en los flagelos de la conciencia? Si es así, ¿por qué Pedro lloró tan amargamente? ¿Por qué David lloró con quebranto de huesos?

Oyes lo que se dice sobre el placer del pecado ¿y no has leído lo que dijo David sobre sus efectos? *Porque Tus flechas se han clavado en mí, y sobre mí ha descendido Tu mano. Nada hay sano en mi carne a causa de Tu indignación; en mis huesos no hay salud a causa de mi pecado.* Si cedes a la tentación, debes sentir gran angustia interior por su causa o por las miserias del infierno. Pero, ¿por qué debería atraerte el pretendido placer del pecado, cuando sabes que un placer indescriptiblemente mayor surgirá de dominar el pecado, más grande que el que puede surgir de cometerlo? ¿Prefieres la gratificación de alguna pasión impía con el veneno mortal que dejará tras de sí, antes que al placer sagrado que surge de temer y obedecer a Dios, cumplir con los dictados de la conciencia y mantener la paz interior? ¿Puede el pecado dar el deleite que siente quien, al resistir la tentación, ha manifestado la sinceridad de su corazón y obtenido evidencia de que teme a Dios, ama la santidad y odia el pecado?

2. El secreto del pecado es la herramienta que te induce a ceder ante la tentación. El tentador insinúa que ceder ante la tentación nunca te

deshonrará entre los hombres, porque nadie lo sabrá. Pero, piénsalo: ¿Dios no te ve? ¿No está la presencia divina en todas partes? Si puedes ocultar tu pecado a los ojos del mundo, no puedes ocultárselo a Dios. Ninguna oscuridad ni sombra de muerte puede protegerte de Su inspección. Además, ¿no te respetas a ti mismo? ¿Puedes hacer a solas eso que no quieres que otros vean? ¿No es tu conciencia como mil testigos? Incluso un pagano podría decir: "Cuando seas tentado a cometer pecado, debes temer de ti mismo allí donde no haya testigos".

3. La perspectiva de ventajas mundanas a menudo refuerza la tentación. "¿Por qué deberías ser tan preciso y cuidadoso? Date un poco de libertad y quizás puedas mejorar tu situación. Ahora es tu momento". Esta es una tentación peligrosa y hay que resistirla rápidamente. Ceder a tal tentación le hará a tu alma más daño que cualquier adquisición terrenal que pudiera beneficiarte en algo. ¿Y de qué te aprovecharía si ganaras el mundo entero y perdieras tu propia alma? ¿Qué se puede comparar con el valor de tus intereses espirituales? ¿O qué puede compensar el más mínimo daño hacia ellos?

4. Quizás la pequeñez del pecado se te presente como razón por la que puedes cometerlo. "No es más que un pequeño pecado, un asunto pequeño, una nimiedad; ¿quién le daría importancia a semejantes sutilezas?". Pero ¿es también

pequeña la majestuosidad del Cielo? Si cometes este pecado, ¡ofenderás a un gran Dios! ¿Existe algún pequeño infierno donde atormentar a los pequeños pecadores? ¡No! Los pecadores de lo mínimo sufren lo terrible del infierno. Hay una gran ira atesorada para aquellos a quienes el mundo considera pequeños pecadores. Pero cuanto menor es el pecado, menor es el incentivo para cometerlo. ¿Provocarás a Dios por una nimiedad? ¿Destruirás tu paz, herirás tu conciencia y entristecerás al Espíritu, todo por nada? ¡Qué locura es esta!

5. A veces, de la misericordia de Dios y la esperanza del perdón se extrae un argumento para imponer la tentación: Dios es misericordioso; pasará por alto esto como una debilidad pasajera y no será severo para corregirla. Pero, ¡detente! ¿Dónde encuentras una promesa de misericordia para los pecadores presuntuosos? Las caídas involuntarias y las debilidades que lamentamos podrán hallar perdón, *pero aquel que obre con desafío... ese blasfema contra el Señor, y esa persona será exterminada de entre su pueblo.* Si Dios es un ser de tanta misericordia, ¿cómo Le puedes faltar el respeto? ¿Cómo puedes hacer ocasión de pecado de un atributo tan glorioso como la misericordia divina? ¿Harás mal a Dios porque Él es bueno? Más bien, deja que Su bondad te lleve al arrepentimiento y te guarde de la transgresión.

6. A veces Satanás nos alienta a pecar a partir del

ejemplo de hombres devotos que pecaron y fueron restaurados. Por lo tanto, el enemigo sugiere que puedes cometer este pecado y aun así ser un santo y ser salvo. Tales sugerencias deben ser rechazadas inmediatamente. Si hombres buenos han cometido pecados similares al que a ti te preocupa, ¿algún hombre bueno alguna vez pecó usando tal argumento, y eso te alienta a pecar? ¿Dios hizo que se registraran sus ejemplos para que tú los imitaras, o como advertencia? ¿Acaso no están colocados como faros, para que puedas evitar las rocas contra las que se destruye todo? ¿Estás dispuesto a sentir lo que ellos sintieron por el pecado? ¿Te atreves a seguirlos en el pecado y sumergirte en la angustia y el peligro en el que ellos incurrieron?

Lector, de estas maneras aprende a guardar tu corazón en la hora de la tentación.

El tiempo de duda y oscuridad espiritual

El tiempo de *duda y oscuridad espiritual* constituye la *décima temporada* en la que es muy difícil guardar el corazón. Cuando se retira la luz y el consuelo de la presencia divina, cuando el creyente por la prevalencia del pecado interno de una forma u otra está dispuesto a renunciar a sus esperanzas, a inferir conclusiones desesperadas con respecto a sí mismo, a considerar sus consuelos anteriores como vanos engaños y la profesión de su fe como hipocresía; en un momento así hace falta mucha diligencia para evitar que el corazón se desanime.

La angustia del cristiano surge de su inquietud acerca de su estado espiritual y en general argumenta que no posee verdadera religión, ya sea por haber recaído en los mismos pecados de los que anteriormente se había recuperado con vergüenza y dolor, o por la sensación de disminución de sus afectos por parte de Dios. O tal vez, por la fuerza de sus afectos hacia los goces de lo creado o de su engrandecimiento en público, mientras que en sus deberes privados suele sentir que no crece ni prospera. O quizás por algunas horribles sugerencias de Satanás, con las cuales su alma queda muy perpleja o, por último, a causa del silencio de Dios y la aparente negativa a sus oraciones de larga data. Ahora bien, para establecer y sostener el corazón en estas circunstancias es necesario que te familiarices con algunas verdades generales que tienden a calmar el alma temblorosa y dubitativa, y que te instruyas correctamente respecto de las causas de inquietud que mencioné antes. Permíteme dirigir tu atención a las siguientes verdades generales:

1. No toda apariencia de hipocresía es prueba de que quien la manifiesta sea hipócrita. Debes distinguir cuidadosamente entre la apariencia y el predominio de la hipocresía. Quedan restos de engaño en los mejores corazones; ejemplos de esto tenemos en David y Pedro, pero la actitud predominante de sus corazones fue recta, y no fueron declarados hipócritas por su conducta.

2. Debemos considerar lo que se puede decir a nuestro favor, así como lo que se puede decir en contra de nosotros. Las personas rectas a veces

pecan por ejercer una severidad irrazonable sobre sí mismas. No consideran el estado de sus almas con imparcialidad. Hacer que su estado parezca mejor de lo que es en realidad constituye, de hecho, el pecado condenatorio de los hipócritas que se jactan de sí mismos. Hacer que su estado parezca peor de lo que es en realidad constituye el pecado y la locura de algunas personas buenas. Pero ¿por qué querrías ser tan grande enemigo de tu propia paz? ¿Por qué leer las evidencias del amor de Dios por tu alma como lo hace un hombre con un libro que intenta refutar? ¿Por qué estudias las evasivas y rechazas los consuelos que te corresponden?

3. Todo lo que pueda ser motivo de dolor para el pueblo de Dios no es razón suficiente como para que se cuestione la realidad de su religión. Muchas cosas pueden perturbarte, pero no deberían hacerte tropezar. Si en cada ocasión cuestionaras todo lo que te ha sucedido, tu vida estaría compuesta de dudas y temores y nunca podrías alcanzar esa estable paz interior y vivir esa vida de alabanza y agradecimiento que requiere el evangelio.

4. El alma no siempre está en estado adecuado para juzgarse correctamente. En particular, se halla incapacitada para esto en medio del abandono o la tentación. Esas temporadas deben utilizarse para observar y resistir, más que para juzgar y determinar.

5. Cualquiera que sea el motivo de la angustia de uno, esto debe conducirlo hacia Dios, y no lejos de Él. Supongamos que has pecado en tal o cual cosa, o que has estado mucho tiempo tristemente abandonado; no tienes derecho a inferir que debes desanimarte como si no hubiera ayuda para ti en Dios.

Cuando hayas contemplado plenamente estas verdades, si tus dudas y angustias persisten, considera lo que ahora se ofrece:

a. ¿Llegas a la conclusión de que no tienes parte en el favor de Dios porque estás pasando por alguna aflicción extraordinaria? Si es así, ¿piensas que la conclusión correcta es que las grandes pruebas son muestras del odio de Dios? ¿Enseña esto la Escritura? ¿Te atreves a inferir lo mismo respecto de todos los que han sido afligidos como tú, sea en igual o mayor medida? Si el argumento es bueno en tu caso, será bueno también en el de ellos, y más concluyente con respecto a ellos en la medida en que sus pruebas fueran mayores que las tuyas. Ay, pues, de David, de Job, de Pablo ¡y de todos los que han sido afligidos como ellos! Pero si hubieras transitado en tranquilidad y prosperidad, si Dios hubiera retenido esa disciplina que normalmente visita a Su pueblo, ¿no habrías tenido muchos más motivos para dudar y angustiarte que los que tienes ahora?

b. ¿Infieres precipitadamente que el Señor no te

ama porque te ha retirado la luz de Su rostro? ¿Imaginas que no hay esperanzas porque tu situación es oscura e incómoda? No te apresures a llegar a esta conclusión. Si alguna de las dispensaciones de Dios a Su pueblo tiene una interpretación que puede ser tanto favorable como dura, ¿por qué no debería interpretarse en el mejor sentido? ¿No sería posible que Dios tenga un designio de amor, más que de odio, en las pruebas por las que te lamentas? ¿No podrá partir por un tiempo, sin partir para siempre? No eres el primero que ha equivocado el designio de Dios al retirarse. *Sión dijo: El Señor me ha abandonado, El Señor se ha olvidado de mí.* ¿Pero fue así? ¿Qué dijo la respuesta de Dios? ¿Puede una mujer olvidar a su niño de pecho?

¿Colapsas al interpretar que en tu experiencia podría revelarse la evidencia de un abandono total y final? ¿Has perdido entonces la sensibilidad de tu consciencia en cuanto al pecado? ¿Sientes inclinación por abandonar a Dios? Si es así, ¡tienes motivos para alarmarte! Pero si tu conciencia sigue sensible y viva, si estás decidido a aferrarte al Señor, si el lenguaje de tu corazón es: "¡No puedo abandonar a Dios, no puedo vivir sin Su presencia! *Aunque Él me mate, en Él esperaré*", entonces tienes motivos para esperar que te visite nuevamente. Es mediante estos ejercicios que Él todavía mantiene Su interés en ti.

Una vez más, los sentidos y los sentimientos ¿son adecuados para juzgar? ¿sirven como medios para juzgar las dispensaciones de Dios? ¿Se puede confiar con seguridad en su testimonio? ¿Es seguro argumentar así: "Si Dios tuviera algún amor por mi alma, lo sentiría ahora tan bien como en tiempos pasados, pero no puedo sentirlo; por lo tanto, desapareció"? ¿Vas a concluir también que cuando no puedes ver el sol, este ha dejado de existir? Lee Isaías 1:10.

c. Ahora bien, si no hay nada en el trato divino para contigo que sea motivo razonable para tu abatimiento y angustia, investiguemos qué hay en tu propia conducta que pudiera dejarte tan abatido:

   i. ¿Has cometido pecados de vergüenza y tristeza de los que anteriormente te habías recuperado? ¿Y entonces llegas a la conclusión de que pecas a propósito y habitualmente, y que tu oposición al pecado fue hipócrita? No renuncies a todo lo que has perdido demasiado apresuradamente. ¿No te arrepientes sinceramente y te preocupas cada vez que cometes pecado? ¿No es el pecado mismo lo que te preocupa y no es verdad que cuanto más pecas, más te angustias? No ocurre así con el pecado habitual, del cual Bernard afirmó con excelencia lo siguiente:

"Cuando un hombre acostumbrado a reprimirse peca gravemente, le parece insoportable, sí, le parece descender vivo a los infiernos. Con el tiempo no parece insoportable, sino pesado, y entre lo insoportable y lo pesado el descenso no es pequeño. Luego, ese pecado se vuelve liviano, su conciencia le duele levemente y no toma en cuenta sus represiones. Entonces no solo es insensible a su culpa, sino que lo que era amargo y desagradable se vuelve hasta cierto punto dulce y placentero. Ahora se ha convertido en una costumbre, y no solo le agrada, sino que le agrada habitualmente. Con el tiempo la costumbre se vuelve habitual y natural; no se le puede disuadir, sino que lo defiende y aboga por ello".

Este es el pecado permitido y habitual, este es el camino de los malvados. Pero ¿no es tu camino lo contrario a esto?

ii. ¿Ves una disminución en tus afectos por Dios y los temas espirituales? Este puede ser tu caso y aun así puede haber esperanza. Pero posiblemente estés equivocado respecto a esto. Hay muchas cosas que aprender en la experiencia cristiana, que tiene relación con una gran variedad de temas. Quizás ahora estés aprendiendo aquello que es muy importante que sepas como cristiano. Ahora bien, ¿qué pasa si no eres consciente de los afectos tan vivos, de las opiniones tan fascinantes que tuviste al principio? ¿No se está volviendo tu virtud más sólida y consistente, y mejor adaptada a propósitos prácticos? ¿Se infiere entonces de ti, por no estar siempre en el mismo estado de ánimo, o del hecho de que los mismos objetos no siempre despiertan los mismos sentimientos, que no tienes una religión verdadera? Tal vez te engañes al esperar demasiado lo que podrías ser en lugar de contemplar lo que eres, en comparación con lo que alguna vez fuiste.

iii. Si la fuerza de tu amor por los goces de lo creado es la base de las conclusiones desesperadas sobre ti mismo, quizás argumentes de esta manera: "Temo amar a lo creado más que a Dios; si es así, no tengo amor a Dios. A veces siento afectos más fuertes hacia las comodidades terrenales que hacia los objetos celestiales; por tanto, mi alma dentro de mí no es recta". Si, en verdad, amas a lo creado por sí mismo, si lo conviertes en tu fin y la religión no es más que un medio, entonces tu conclusión es correcta. Porque esto es incompatible con el amor supremo a Dios. Pero, ¿no puede un hombre amar a Dios más ardiente e inmutablemente que a cualquier otra cosa y, sin embargo, cuando Dios no es el objeto directo de sus pensamientos, no puede sentir un afecto más fuerte por lo creado del que siente en ese momento por Dios? Así como la malicia arraigada indica un odio más fuerte que la pasión repentina aunque más arrasadora, así debemos juzgar nuestro amor, no por un movimiento arrebatador cada tanto, sino por la profundidad de su raíz y la constancia de su ejercicio. Quizás tu dificultad se deba a que sometiste tu amor a alguna prueba extraña e inadecuada. Muchas personas han temido que, al ser llevadas a alguna prueba importante, renunciarían a Cristo y se aferrarían a lo creado; pero cuando llegó la prueba, Cristo lo era todo y el mundo era la nada en su estima. Así eran los temores de algunos mártires que acabaron siendo completamente victoriosos. Pero puedes esperar ayuda divina solo en el momento y en proporción a tu necesidad. Si quieres poner a prueba tu amor, fíjate si estás dispuesto a abandonar a Cristo ahora.

iv. El deseo de crecimiento en privado que ves estando en público ¿te genera dudas y temores? Considera entonces si no hay algunas circunstancias relacionadas con los deberes públicos que están especialmente calculadas para excitar tus sentimientos y elevar tu mente, y que no pueden afectarte en privado. Si es así, tus ejercicios en secreto, si se realizan fielmente y de manera adecuada, pueden ser provechosos aunque no tengan todas las características de los que se hacen en público. Si imaginas que obtienes crecimiento espiritual y disfrute en los ejercicios públicos, mientras descuidas los deberes privados, sin duda te engañas a ti mismo. De hecho, si vives descuidando los deberes secretos, o eres descuidado respecto de ellos, tienes grandes motivos para temer. Pero si los realizas con regularidad y fidelidad, eso no implica que sean vanos e inútiles, o que no sean de gran valor aunque no vayan acompañados de tanto crecimiento como a veces encuentras en público. ¿Y qué pasa si el Espíritu se complace más en favorecerte con Su influencia misericordiosa en un lugar y en un momento, antes que en otro? ¿Debería ser esto motivo de murmuración e incredulidad, o de agradecimiento?

v. Las sugerencias viles o blasfemas de Satanás causan a veces gran perplejidad y angustia. Parecen abrir un abismo de corrupción en el corazón y dicen que aquí no puede haber gracia. Pero puede haber gracia en el corazón donde se inyectan tales pensamientos, aunque no en el corazón que los consiente y los nutre. Entonces ¿los aborreces y te opones? ¿Te niegas por completo a prostituirte bajo su influencia y te esfuerzas por mantener pensamientos santos y reverentes sobre Dios y sobre todos los objetos de devoción? Si es así, tales sugerencias son involuntarias y no constituyen evidencia contra tu devoción.

vi. La aparente negativa a tus oraciones ¿te es causa de desaliento? ¿Estás dispuesto a decir: "Si a Dios Le importase en algo mi alma, habría escuchado mis peticiones antes de ahora; pero no tengo respuesta de Él y, por lo tanto, no tengo ningún interés en Él"? ¡Detente! Aunque el hecho de que Dios aborrezca y finalmente rechace la oración es evidencia de que Él rechaza a la persona que ora, ¿te atreves a concluir que Él te ha rechazado solo porque la respuesta a tus oraciones se retrasa, o porque no ves si te es concedida? ¿Y no hará Dios justicia a Sus escogidos, que claman a Él día y noche?

Otros han tropezado en el mismo terreno que tú: dije en mi prisa: ¡Cortado soy de delante de Tus ojos! Sin embargo, Tú oíste la voz de mis súplicas. Ahora bien, ¿no hay algunas cosas en tu experiencia que indican que tus oraciones no son rechazadas, aunque se retrasa la respuesta a ellas? ¿No estás dispuesto a seguir orando aunque no veas respuesta? ¿No estás dispuesto a atribuir justicia a Dios, mientras consideras que la causa de Su silencio está en ti mismo? Así dijo David: *Dios mío, de día clamo y no respondes; y de noche, pero no hay para mí reposo. Sin embargo, Tú eres santo.* La demora en la respuesta a tus oraciones ¿no te incita a examinar tu propio corazón y probar tus caminos para encontrar y eliminar el obstáculo? Si es así, es posible que tengas motivos para la humillación, pero no para la desesperación.

Así te he mostrado cómo guardar tu corazón en las temporadas oscuras y de duda. Dios no permita que ningún corazón falso se anime a partir de estas cosas. Es lamentable que cuando damos a los cristianos y a los pecadores la parte que les toca, cada uno sea tan propenso a asumir la parte del otro.

Cuando nos imponen sufrimientos por la religión

La *undécima temporada* en la que se debe guardar el corazón con toda diligencia es *cuando se nos imponen sufrimientos por la religión*. Bienaventurado el hombre que en tal momento no se escandaliza ni ofende en Cristo. Ahora bien, cualquiera sea el tipo o grado de tus sufrimientos, si son sufrimientos por causa de Cristo y del evangelio, no escatimes diligencia para guardar tu corazón. Si te sientes tentado a encogerte o vacilar ante ellas, deja que lo que sigue te ayude a repeler y superar la instigación:

1. ¡Qué reproche le lanzarías al Redentor y a Su religión al abandonarlo en un momento como este! Proclamarías al mundo que por mucho que te hayas jactado de las promesas, cuando te pongan a prueba no te atreverás a arriesgar nada por tu fe en ellas. Esto dará a los enemigos de Cristo ocasión de blasfemar. ¿Y así proporcionarás los triunfos de los incircuncisos? Ah, si valoraras tanto el nombre de Cristo como valoran muchos hombres malvados sus propios nombres, nunca podrías soportar que el Suyo fuera expuesto al desprecio. ¿El polvo y las cenizas orgullosos arriesgarán la muerte o el infierno antes de que sus nombres sean deshonrados, y tú no soportarás nada para mantener el honor de Cristo?

2. ¿Te atreves a violar tu conciencia por complacer a la gente? ¿Quién te consolará cuando tu conciencia te acuse y condene? ¿Qué felicidad puede haber en la vida, la libertad o los amigos

cuando se quita la paz interior? Considera bien lo que haces.

3. ¿No es el interés público de Cristo y Su causa infinitamente más importante que cualquier interés propio, y no deberías preferir Su gloria y el bienestar de Su reino antes que todo lo demás? ¿Se debe permitir que algún sufrimiento temporal, o cualquier sacrificio al que se te llame, compitan con el honor de Su nombre?

4. ¿El Redentor descuidó tus intereses y pensó a la ligera en ti cuando soportó sufrimientos por ti? Entre Su sufrimiento y el tuyo ¿puede haber alguna comparación? ¿Él dudó y retrocedió? ¡No! Soportó la cruz, menospreciando la vergüenza. Él soportó tantas cosas por ti con paciencia y constancia inquebrantable, ¿y tú te estremecerás ante el sufrimiento momentáneo por Su causa?

5. ¿Puedes tan fácilmente deshacerte de la sociedad y los privilegios de los cristianos y pasarte al lado del enemigo? ¿Estás dispuesto a negar tu apoyo a aquellos que están decididos a perseverar y echarás tu influencia en la balanza para que pese contra ellos? Más bien, ¡deja que tu cuerpo y tu alma sean destrozados! *Y si retrocede, Mi alma no se complacerá en él.*

6. ¿Cómo podrás presentarte ante Cristo en el día del juicio si Le abandonas ahora? *Porque cualquiera que se avergüence de Mí y de Mis palabras en esta generación adúltera y pecadora, el Hijo*

del Hombre también se avergonzará de él, cuando venga en la gloria de Su Padre con los santos ángeles. Dentro de poco vendrá el Hijo del Hombre en las nubes del cielo, con poder y gran gloria, para juzgar al mundo. Él se sentará en el trono del juicio, mientras todas las naciones habrán de presentarse ante Él. Imagínate ahora que estás siendo testigo de las transacciones de ese día. He aquí a los malvados, he aquí a los apóstatas, ¡escucha la sentencia devoradora que se pronuncia sobre ellos y míralos hundirse en el abismo del infinito y eterno dolor! ¿Abandonarás a Cristo ahora? ¿Abandonarás Su causa para ahorrarte un poco de sufrimiento o para prolongar una vida sin provecho en la Tierra, y así exponerte a la perdición del apóstata? Recuerda que si puedes silenciar las objeciones de conciencia ahora, no podrás obstaculizar la sentencia del juez en ese momento. De esta manera *guardad vuestro corazón, para que no se aparte del Dios vivo.*

Cuando la enfermedad advierte que la muerte está cerca

La *duodécima y última temporada* que mencionaré, y en la que se debe guardar el corazón con toda diligencia, es cuando *la enfermedad nos advierte que nuestra muerte está cerca.* Cuando el hijo de Dios se acerca a la eternidad, el adversario hace su último esfuerzo. Puesto que no puede ganar el alma arrebatándosela a Dios, y como no puede disolver el vínculo que une el alma del cristiano a Cristo, su gran designio es despertar temores a la muerte, llenar la mente de aversión y horror ante los pensamientos de desintegración del cuerpo. Por lo tanto, cuánto miedo a la separación, cuánto temor a tomar la fría mano de la muerte y qué falta de voluntad para partir se pueden observar a veces en el pueblo de Dios. Además de vivir como cristianos, debemos morir como cristianos.

Ofreceré varias consideraciones concebidas para ayudar al pueblo de Dios en tiempos de enfermedad a mantener sus corazones libres de todos los objetos terrenales y a estar alegremente dispuestos a morir:

1. La muerte es inofensiva para el pueblo de Dios. Las flechas de la muerte no tienen aguijón. ¿Por qué, entonces, temes que tu enfermedad sea de muerte? Si murieras en tus pecados, si la muerte reinara sobre ti como tirana para alimentarse de ti como el león come a su presa, si la muerte fuera para ti la precursora del infierno, entonces razonablemente podrías asustarte y retroceder ante ella con horror y consternación. Pero si tus pecados han sido borrados, si Cristo ha vencido a la muerte por ti, de modo que no tengas nada que afrontar más que dolor corporal, y posiblemente ni siquiera eso; si la muerte te será la precursora del Cielo, ¿por qué has de tener miedo? ¿Por qué no darle la bienvenida? ¡La muerte no puede hacerte daño! Es fácil, e inofensiva; es como quitarse la ropa o descansar.

2. Puedes evitar que tu corazón se encoja si

consideras que la muerte es necesaria con el fin de prepararte para el pleno disfrute de Dios. Ya sea que estés dispuesto a morir o no, ciertamente no hay otra manera de completar la felicidad de tu alma. La muerte debe ocurrir para quitar este velo de carne, esta vida carnal que te separa de Dios antes de que puedas verlo y disfrutarlo plenamente. *Mientras habitamos en el cuerpo, estamos ausentes del Señor.* ¿Quién no estaría dispuesto a morir por el disfrute perfecto de Dios? Creo que uno miraría y suspiraría, como un prisionero, a través de las rejas de esta mortalidad: ¡Quién me diera alas como de paloma! Volaría y hallaría reposo. De hecho, la mayoría de los hombres necesitan paciencia para morir; pero un santo, que comprende lo que le traerá la muerte, necesita más bien paciencia para vivir. En su lecho de muerte debe mirar y escuchar, esperando la venida de su Señor. Cuando perciba que su muerte está cerca, debe decir: ¡Una voz! ¡Mi amado! ¡Miren, él viene, saltando por los montes, brincando por los collados!

3. Considera que la felicidad del Cielo comienza inmediatamente después de la muerte. Que la felicidad no será aplazada hasta la resurrección, sino que tan pronto hayas experimentado la muerte, tu alma será engullida por la vida. Cuando hayas abandonado esta orilla terrenal, serás rápidamente llevado a la orilla de una gloriosa eternidad. ¿No puedes decir: *[tengo] el deseo de partir y estar con*

Cristo? Si el alma y el cuerpo murieran juntos, o durmieran hasta la resurrección como algunos creen, habría sido una locura que Pablo deseara la muerte para disfrutar a Cristo porque habría disfrutado más en el cuerpo de lo que podría haber disfrutado fuera de él.

La Escritura habla solo de dos maneras en que el alma puede vivir adecuadamente: es decir, por la *fe* y la *visión*. Estas dos comprenden su existencia presente y futura. Ahora bien, si falla la fe y no aparece inmediatamente la visión, ¿qué sería del alma? La verdad sobre este tema está claramente revelada en las Escrituras. Lee Juan 14:3, etc. ¡Qué cambio tan bendito producirá la muerte en tu condición! Despierta, santo moribundo, y regocíjate. Deja que la muerte haga su obra, para que los ángeles conduzcan tu alma al mundo de la luz.

4. Estarás más dispuesto a morir si reflexionas que mediante la muerte Dios a menudo aparta a Su pueblo del camino de grandes problemas y tentaciones. Cuando alguna calamidad extraordinaria sobreviene al mundo, Dios a veces quita a los cristianos del camino del mal. Así, Matusalén murió el año antes del diluvio, Agustín murió poco antes del saqueo de Hipona, Pareus murió poco antes de la toma de Heidelberg. Lutero observa que todos los apóstoles murieron antes de la destrucción de Jerusalén. El propio Lutero murió antes de que estallaran las guerras en

Alemania. Ahora bien, puede ser que con la muerte escapes de alguna prueba dolorosa que no puedes ni necesitas soportar. Pero si no te sobreviniesen problemas extraordinarios en caso de que tu vida se prolongara, Dios puede en Su designio, mediante la muerte, aliviarte de innumerables males y cargas que son inseparables del presente estado terrenal. Así serás librado del pecado que mora en ti, que es el mayor problema; de todas las tentaciones de cualquier origen, de enfermedades y desgracias corporales, y de todas las aflicciones y dolores de esta vida. Se acabarán los días de tu luto y Dios mismo enjugará toda lágrima de tus ojos. ¿Por qué entonces no deberías estar preparado para morir?

5. Si todavía te cuesta partir, como a Lot en Sodoma, ¿cuáles son tus súplicas y reclamos para una vida más larga? ¿Por qué no estás dispuesto a morir? ¿Estás preocupado por el bienestar de los miembros de tu familia? Si es así, ¿te preocupa su sostén terrenal? Entonces deja que la Palabra de Dios te satisfaga: *Deja a tus huérfanos, Yo los conservaré con vida; que tus viudas confíen en Mí*. Lutero dice, en su última voluntad: "Señor, me has dado esposa e hijos; no tengo nada que dejarles, pero Te los encomiendo. Oh, Padre de los huérfanos y Juez de las viudas, aliméntalos, guárdalos y enséñales".

¿Te preocupa el bienestar espiritual de tus familiares? Recuerda que no puedes convertirlos incluso si vivieras.

Recuerda que Dios puede hacer eficaces tus oraciones y consejos cuando ya hayas muerto.

Quizás desees servir a Dios por más tiempo en este mundo. Pero si ya no tienes nada más que hacer aquí, ¿por qué no dices como David: *aquí estoy, que haga conmigo lo que bien le parezca*? Él te está llamando a un servicio superior en el Cielo y puede lograr con otras manos lo que deseas hacer aquí en la tierra. ¿Te sientes demasiado imperfecto para ir al Cielo? Considera que debes ser imperfecto hasta que mueras; tu santificación no puede ser completa hasta que llegues al Cielo.

"Pero quiero seguridad y certeza. Si tuviera eso, podría morir sin problemas", dices. Ah, allí está la cuestión. Considera, entonces, que la sincera disposición a dejar todo el mundo para ser liberado del pecado y estar con Dios es el camino directo hacia esa seguridad que deseas; ninguna persona carnal estuvo jamás dispuesta a morir con este argumento.

Así he mostrado cómo el pueblo de Dios, en las temporadas más difíciles, puede guardar su corazón con toda diligencia.

Mejora

P rocedo ahora a *mejorar* y *aplicar* el tema.

A los hipócritas y a los cristianos profesos que se apegan a las formas

Has visto que guardar el corazón es la gran obra del cristiano en la que consiste el alma y vida de la religión sincera, y sin la cual todos los demás deberes no tienen valor a los ojos de Dios. Por lo tanto, para consternación de los hipócritas y los cristianos de nombre, que solo siguen las formas, concluyo:

1. Que los esfuerzos y angustias que muchos han sufrido en la religión no tienen valor y no servirán de nada. Hay hombres que han cumplido con muchos servicios espléndidos, que Dios rechazará por completo. No quedarán registrados para recibir una aceptación eterna porque quienes cumplieron esos servicios no pensaron siquiera en guardar sus corazones con Dios. ¡Esta

es esa roca fatal sobre la cual se lanzan miles de vanos cristianos solo de nombre, y se arruinan para siempre! Son exactos en cuanto a las apariencias externas de la religión, pero no prestan atención a sus corazones. ¡Oh, cuántas horas han pasado algunos cristianos profesos escuchando, orando, leyendo y discutiendo! Y, sin embargo, en cuanto al fin principal de la religión bien podrían haberse quedado quietos y no hacer nada. Descuidaron la gran tarea, la de guardar el corazón, durante toda su vida. Dime, vano cristiano profeso, ¿cuándo derramaste una lágrima por la dureza, la incredulidad, o lo terrenal de tu corazón? ¿Crees que tu cómoda religión puede salvarte? Si es así, deberías invertir el sentido de las palabras de Cristo y decir: "Ancha es la puerta y espacioso el camino que lleva a la vida, y muchos son los que entran".

2. Escúchame, hipócrita que te engañas a ti mismo; tú que has postergado a Dios en tus deberes sin corazón; ¡tú que has actuado en la religión como si hubieras estado bendiciendo a un ídolo! Tú, que no pudiste escudriñar tu corazón, regularlo y ejercitarlo en tus acciones, ¿cómo resistirás la venida del Señor? ¿Cómo levantarás tu cabeza ante Él cuando te diga?: "¡Oh, hombre que finge, y de corazón falso! ¿Cómo podrías profesar la religión? ¿Con qué cara pudiste decirme tantas veces que Me amabas, cuando sabías en tu conciencia que tu corazón no estaba conmigo?". Oh,

tiembla al pensar qué juicio tan terrible recaerá sobre el corazón negligente y descuidado que ha usado los deberes religiosos a modo de sonajero para calmar y aquietar la conciencia.

Al pueblo de Dios

Infiero, y con esto habrán de ser más humildes, que a menos que el *pueblo de Dios* dedique más tiempo y esfuerzo a sus corazones de lo que normalmente dedican, es probable que nunca sirvan mucho a Dios ni tengan mucho consuelo en este mundo. Puedo decir de ese cristiano que es negligente y descuidado en guardar su corazón, como dijo Jacob de Rubén: *no tendrás preeminencia*. Me entristece ver cuántos cristianos viven en un nivel pobre, bajo, tanto en servicio como en consuelo, y que van de aquí para allá abatidos y quejosos. Pero ¿cómo pueden esperar que sea de otra manera si viven tan descuidadamente? ¡Oh, qué poco tiempo pasan a solas en su habitación, examinando, humillando y alistando sus corazones!

Cristiano, dices que tu corazón está muerto, ¿y te sorprende que lo esté, mientras no lo alimentes con la fuente de la vida? Si tu cuerpo hubiera estado tan hambriento como tu alma, también habría muerto. Y nunca esperes que tu corazón esté mejor hasta que lo cuides más.

Dos cosas que consumen el tiempo y las fuerzas de los que se dicen cristianos

¡Oh, cristianos! Temo que su celo y su fuerza hayan ido por el camino equivocado; temo que la mayoría de nosotros adoptemos la queja de la iglesia: *Me pusieron a guardar las viñas, pero mi propia viña no guardé.* Dos cosas han consumido el tiempo y las fuerzas de los cristianos profesos de esta generación y, lamentablemente, los han desviado de su tarea sobre el corazón.

Primero: las controversias infructuosas, sin duda iniciadas por Satanás con el propósito mismo de apartarnos de la vida cristiana práctica, para confundir nuestras cabezas cuando deberíamos estar inspeccionando nuestros corazones. Apenas si hemos considerado esta observación: *Porque es buena cosa para el corazón el ser fortalecido por la gracia, no por alimentos [es decir, con disputas y controversias sobre alimentos], de los*

que no recibieron beneficio los que de ellos se ocupaban.
¡Cuánto mejor es ver a los hombres vivir siendo precisos,
antes que oírlos discutir con sutileza! Estas preguntas
infructuosas, ¡cómo han destrozado iglesias, desperdiciado tiempo y energía y apartado a los cristianos
de su principal asunto! ¿Qué opinas? ¿No habría sido
mejor si las preguntas formuladas con agitación entre
el pueblo de Dios últimamente hubieran sido estas?:
"¿Cómo puede un hombre distinguir las operaciones
especiales del Espíritu de las comunes? ¿Cómo puede
un alma discernir sus primeros alejamientos de Dios?
El cristiano que ha recaído ¿cómo puede recuperar su
primer amor? ¿Cómo puede guardarse el corazón de
pensamientos inoportunos en el cumplimiento del deber?
¿Cómo se puede descubrir y dominar un pecado en el
que reincidimos una y otra vez?". ¿No habría tendido
más este proceder al honor de la religión sincera y al
consuelo de las almas? Me avergüenza que los que se
dicen cristianos en esta generación sean insensibles
a su necedad. ¡Oh, si Dios convirtiera sus disputas y
contiendas en piedad práctica!

Segundo: las preocupaciones y cargas mundanas
han aumentado enormemente el descuido de nuestros
corazones. Las cabezas y los corazones de multitudes
se han llenado con tal multitud y ruido de asuntos
mundanos que lamentablemente han decaído en su
celo, su amor, su deleite en Dios y la forma cristiana,
seria y provechosa de conversar con los demás. ¡Nos
hemos enredado miserablemente en este desierto de
nimiedades! ¡Nuestros discursos, nuestras conferen-
cias, y hasta nuestras oraciones están teñidos de ello!

Hemos tenido tantas cosas que hacer que no hemos podido cuidar nuestro interior. Entonces, ¿cuántas oportunidades valiosas hemos perdido? ¿Cuántas amonestaciones del Espíritu nos han pasado de largo, sin dar fruto? ¿Cuántas veces el Señor nos ha llamado y nuestros pensamientos mundanos nos han impedido oírle? Pero ciertamente hay una manera de disfrutar a Dios incluso en nuestros esfuerzos mundanos. Si perdemos nuestra visión de Él cuando nos ocupamos de nuestros asuntos terrenales, la culpa es nuestra. ¡Ay de los cristianos, a las puertas de la eternidad con más trabajo en sus manos del que su tiempo les permite cumplir, y sin embargo siguen llenando sus cabezas y corazones con trivialidades!

Exhortación a un compromiso sincero al guardar el corazón

Por último infiero, para el despertar de todos, que si guardar el corazón es la gran tarea del cristiano, entonces hay solo unos pocos cristianos de veras en el mundo. Si todo el que ha aprendido el lenguaje del cristianismo y puede hablar como un santo, si todo aquel que tenga dones y habilidades, y que pueda predicar, orar o disertar como cristiano; en una palabra, si todos los que se asocian con el pueblo de Dios y participan de las ordenanzas pueden pasar por cristianos, ¡entonces en verdad el número es grande! ¡Pero, ay! ¡Qué pocos se pueden encontrar si se los juzga según esta regla: qué pocos son los que concienzudamente guardan su corazón, vigilan sus pensamientos y miran escrupulosamente sus motivos! De hecho, hay pocos *escudriñadores del corazón* entre los que se profesan cristianos. Es más fácil para los hombres reconciliarse con otros deberes religiosos que con estos. La parte profana del mundo ni siquiera se entrometerá en el exterior de ningún deber religioso, y menos aún en estos; y en cuanto al hipócrita, aunque pueda ser muy exigente en lo externo, nunca podrás persuadirlo a emprender este trabajo interior, este trabajo difícil, esta tarea para la que no hay aliciente alguno del aplauso humano, esta obra que descubriría rápidamente lo que el hipócrita no quiere saber. De modo que, por consenso general, de este trabajo sobre el corazón se ocupan unos pocos, ¡y tiemblo al pensar en qué pocos son!

Si guardar el corazón es un asunto tan importante, si de ello resultan tan grandes ventajas, si hay tantos intereses valiosos envueltos en ello, ¡permítanme hacer un llamado al pueblo de Dios en todas partes para que se comprometan de todo corazón a esta tarea! ¡Estudien sus corazones, observen sus corazones, guarden sus corazones! Acaben con las controversias infructuosas y con todas las preguntas vanas, acaben con los nombres vacíos y los espectáculos vacuos. ¡Basta ya de discursos inútiles y audaces represiones a los demás y concéntrese en ustedes mismos! ¡Oh, que este día, a esta hora, se resuelvan a hacerlo!

Lector, creo que puedo convencerte. Lo único que te pido es esto: que te apartes más a menudo para hablar con Dios y con tu propio corazón, que no permitas que ninguna pequeñez te desvíe, que lleves una cuenta más verdadera y fiel de tus pensamientos y afectos, que al menos cada noche le preguntes seriamente a tu corazón: "Oh, corazón mío, ¿dónde has estado hoy, y en qué se ha ocupado tu pensamiento?".

Diez motivos a modo
de incentivo

Si todo lo que se ha dicho no es suficiente a modo de incentivo, tengo para ofrecerte diez motivos para guardar el corazón:

1. Te sorprenderá saber que estudiar, observar y guardar diligentemente tu propio corazón te ayudará a comprender los profundos misterios de la religión. El corazón sincero y experimentado es una excelente ayuda para la mente que es débil. Un corazón así servirá como comentario a gran parte de las Escrituras. Gracias a un corazón así tendrás mejor comprensión de las cosas divinas que la que jamás haya tenido o pueda tener el hombre más erudito pero sin gracia. No solo tendrás de ellas una comprensión más clara, sino también más interesante y provechosa. Un hombre que nunca sintió el efecto y la dulce impresión de estas cosas en

su propia alma puede discutir con ortodoxia y profundidad la naturaleza y los efectos de la fe, los problemas y el consuelo de la conciencia, y la dulzura de la comunión con Dios. ¡Pero qué oscuras y secas son sus creencias comparadas con las de un cristiano experimentado! Cuando un cristiano que ha disciplinado y guardado su corazón lee los Salmos de David y las epístolas de Pablo, encuentra allí las respuestas a sus propias objeciones, y se dice: "Estos santos hablan de lo que hay en mi corazón. Sus dudas son las mías, sus problemas son los míos, y su experiencia es la mía". Crisóstomo, al hablar de algunas de sus experiencias con su gente en Antioquia, observó: "Los que son iniciados saben de lo que estoy hablando". La experiencia es la mejor maestra. Entonces, estudia y guarda tu corazón.

2. El estudio y observación de tu propio corazón te protegerá poderosamente contra los errores peligrosos y contagiosos de los tiempos en que vives. ¿Cuál crees que es la razón por la que tantos de los que se llaman cristianos han abandonado la fe, prestando atención a las fábulas? ¿Por qué tantos se han dejado llevar por el error de los malvados? ¿Por qué los que han sembrado doctrinas corruptas han tenido cosechas tan abundantes entre nosotros, si no es porque se han topado con una raza de cristianos solamente de nombre, que nunca supieron lo que pertenece a la vida cristiana práctica, y a la tarea de examinar

y guardar sus corazones? Si los que se llaman cristianos fueran diligentes en el estudio y protección de sus corazones, guardándolos, tendrían entonces la firmeza de la que habla san Pedro. Y supongamos que un sutil papista o sociniano le hablase de la dignidad y el mérito de las buenas obras y demás, ¿recibiría entonces convicción y cambiaría sus sentimientos, estando consciente de la vileza de su corazón y la incredulidad que empapa hasta sus mejores obras? Sobre gustos nada puede decirse, y no se puede discutir para convencer a nadie de lo que prefiere y siente.

3. Tu cuidado y diligencia en guardar tu corazón acabarán siendo una de las mejores evidencias de tu sinceridad. No conozco ningún acto externo de religión que realmente distinga al cristiano sincero del que solo se llama cristiano por formalidad. Es sorprendente hasta qué punto llegan los hipócritas en todos sus deberes externos; cómo pueden mostrar al hombre exterior, ocultando todas sus indecencias a la observación del mundo. Pero no prestan atención a sus corazones. ¡No son en secreto lo que parecen ser en público! Y ningún hipócrita puede resistir esta prueba. De hecho, pueden, en un ataque de terror o en su lecho de muerte, llorar por la maldad de sus corazones, pero esas quejas retorcidas no merecen ninguna consideración. En lo jurídico, no se debe dar crédito al testimonio de alguien que ha sido torturado en el potro, porque se puede pensar que

lo extremo de su tortura le hará decir cualquier cosa para obtener alivio. Pero si la autovigilancia, el cuidado y la atención son el funcionamiento y la estructura diaria de tu corazón, tienes una gran evidencia de tu sinceridad. Porque solo por aprehender la presencia divina y odiar el pecado puede uno ocuparse de estos secretos ejercicios. Por tanto, si en tu estima ves como deseable la evidencia de tu integridad y motivos razonables de esperanza por tu temor reverencial a Dios, entonces guarda tu corazón con toda diligencia.

4. ¡Qué cómodas y provechosas serían para ti todas las ordenanzas y deberes si guardaras fielmente tu corazón! ¡Qué viva comunión podrías tener con Dios cada vez que te acercaras a Él si tu corazón estuviera como debe estar! Entonces podrías decir como David: *Séale agradable mi meditación.* Es la indisposición del corazón lo que hace que las ordenanzas y los deberes secretos sean tan incómodos para algunos. Se esfuerzan por elevar sus corazones a Dios, imponiendo ahora un argumento y luego aquel otro, para vigorizarlos y cambiarlos. Sin embargo, a menudo casi logran completar el ejercicio y antes de que sus corazones comiencen a interesarse en él, a veces no se van mejor que cuando llegaron. Pero el cristiano cuyo corazón está preparado y constantemente guardado, asume sus deberes inmediatamente y de todo corazón. Aventaja a su prójimo perezoso, ve por primera vez a Cristo en

un sermón, recibe el primer sello de Cristo en un sacramento y recibe la primera comunicación de gracia y amor en la oración secreta. Permíteme decirte, porque lo sé por experiencia, que las oraciones y sermones te sonarían diferentes a lo que comúnmente son para aquel que guarda su corazón. Ya no habría sentimientos de rechazo, ni tristeza ni lamentos. No te lamentarás diciendo "este ha sido para mí un día perdido, una tarea en vano" si guardas tu corazón. Ahora bien, si hay algo valioso y consolador en las ordenanzas y deberes privados, es que mires tu corazón y lo guardes; te lo ruego.

5. Conocer tu propio corazón te proporcionará una fuente de cosas por las que orar. El hombre que es diligente en el trabajo sobre su corazón recibirá abundantes cosas por las que pueda orar a Dios. No se confundirá por falta de pensamientos; su lengua no flaqueará por falta de expresión. Habrá otros que necesitan hurgar en su memoria, rebuscar en su mente y hallar que su atención fracasa porque no halla algo para decir y por eso acaban sin lograr nada. El cristiano con corazón experimentado, cuando presenta ante Dios su tristeza por algo determinado o insiste ante Él por alguna necesidad en especial, no habla como aquellos que repiten oraciones memorizadas; esas confesiones y peticiones son forzadas, en tanto que las del que guarda su corazón fluyen libremente y con sentimiento. Es una felicidad

hallarse cerca o junto a un cristiano como esos. Bernardo, quien estableció reglas para preparar el corazón para la oración, dice: "Cuando el corazón esté preparado, recuérdame".

6. Lo más deseable del mundo, es decir, el resurgimiento de la religión entre los hombres, es posible si aplicamos lo que aquí describo.

Oh, si pudiera ver el tiempo en que los cristianos profesos no caminen en vano espectáculo, cuando ya no se sientan complacidos por tan solo ser cristianos de nombre, pero muertos espiritualmente; cuando ya no se acompañen de gente que no es más que vana espuma. Pero cuando la santidad brille en su conversación, asombrarán al mundo e inspirarán reverencia en todos los que los rodean. Cuando calienten el corazón de quienes se acerquen a ellos y hagan que se diga: "Dios de verdad está en estos hombres". ¿Cuándo se puede esperar que llegue ese momento? Hasta que los que son cristianos solo de nombre no se ocupen de guardar sus corazones, ¡no albergo esperanza de ver algo tan bendito! ¿No les entristece ver cómo se condena y pisotea la religión y cómo se ridiculiza y desprecia a los que dicen ser cristianos en el mundo? Cristianos de nombre nada más, ¿recuperarán su crédito? ¿Obtendrían un testimonio honorable en la conciencia de sus enemigos? Entonces, ¡guarden sus corazones! Porque lo que hace que sus vidas se sientan inadecuadas e inútiles es que sus corazones se ocupan de liviandades y cosas mundanas; por eso el mundo les desprecia, y por eso muchos ya ni consideran sus posturas de serio cristianismo, destruyendo así toda influencia que pudieran tener en sus conciencias. Entonces, por la honra de la religión y su nombre de cristianos, guarden sus corazones.

7. Si guardamos con diligencia nuestro corazón, podemos prevenir las ocasiones de escándalos fatales y obstáculos para el mundo. ¡Ay del mundo por los tropiezos! ¡Ay del mundo por las ofensas! ¿No se cubren de vergüenza sus rostros, y no sangran sus corazones al enterarse de los escándalos protagonizados por personas que solo se dicen cristianas? ¡Ese calificativo tan digno sufre blasfemia! ¡Los corazones de los sinceramente justos sufren! Es por estas cosas que el mundo tiene prejuicios contra Cristo y el evangelio; quienes tienen algún gusto por la religión, se asustan y alejan. Y así, la muerte adquiere poder, y se derrama la sangre de muchas almas. Las conciencias de los que se decían cristianos pero han causado escándalo se ven abrumadas y en problemas, y sus almas se ven privadas del consuelo de la comunión con Cristo y todo el gozo de Su salvación. En verdad, las consecuencias que producen las vidas escandalosas de los que se dicen cristianos son casi infinitas. Y todo esto es porque no guardaron sus corazones. ¿Qué palabras podrán expresar la tremenda importancia de guardar el corazón?

Todo parece unirse para mostrar que es necesario y vital. Cristianos, ¿qué harán? ¿Se ocuparán de esta tarea, o perderán todo consuelo que brinda la religión? ¿Harán su trabajo, o lo perderán todo? ¿Guardarán sus corazones, o dejarán que haya almas que se arruinen?

8. Guarda fielmente tu corazón y estarás preparado para cualquier situación o servicio al que seas llamado. Esto, y solo esto, puede prepararte adecuadamente para ser útil en cualquier tipo de trabajo. Con esto podrás soportar la prosperidad o la adversidad; puedes negarte a ti mismo y dedicarte a cualquier tarea. Así, Pablo aprovechó cada circunstancia y se hizo eminentemente útil. Cuando predicó a otros, proporcionó una manera de que no le descartaran: ¡guardó su corazón! Todo en lo que se destacó parece haber tenido una estrecha relación con su diligencia en guardar su corazón.

9. Si el pueblo de Dios guardara diligentemente su corazón, su comunión entre unos y otros sería indescriptiblemente más atractiva y provechosa. Entonces, ¡cuán hermosas [serían] tus tiendas, oh Jacob; tus moradas, oh Israel! Es la comunión que el pueblo de Dios tiene con el Padre y con el Hijo lo que enciende el deseo de los demás de tener comunión con ellos. Te digo que si se persuadiera a los cristianos a que dedicaran más tiempo y cuidado a sus corazones, pronto habría tal excelencia divina en sus vidas que otros

considerarían que estar con ellos o cerca de ellos es un gran privilegio.

Es el orgullo, la pasión y lo terrenal de nuestros corazones lo que ha arruinado la comunión entre los cristianos. ¿Por qué cuando los cristianos se reúnen, a menudo hay desacuerdos y contiendas? Es porque sus pasiones no han sido humilladas. ¿De dónde vienen las reprimendas poco caritativas hacia sus hermanos sino de su ignorancia de sí mismos? ¿Por qué son tan rígidos e insensibles hacia los que han caído? Es porque no sienten su propia debilidad ni su propensión a la tentación. ¿Por qué su conversación es tan ligera y poco beneficiosa cuando se encuentran? Es porque sus corazones son terrenales y vanidosos. Hermanos míos, son estas cosas y otras parecidas las que han estropeado la comunión Cristiana haciéndola tan estéril y desagradable al punto de hacer que muchos cristianos se cansen y por eso busquen al retirarse esa felicidad que por designio debía ofrecerles la compañía de los cristianos. Pero ahora, si los cristianos estudiaran más sus corazones y los guardaran mejor, se restaurarían la belleza y la gloria de la comunión. Ya no disentirían más, no contenderían más, no reprenderían precipitadamente. ¡Se sentirán bien unos con otros cuando cada uno se humille a diario al percibir la maldad de su propio corazón! Que Dios apresure el estado de cosas que deseo y por las que ruego, y que estos consejos tengan algún efecto beneficioso.

10. Por último, guarda tu corazón y entonces los consuelos del Espíritu y la influencia de todas las ordenanzas serán más fijos y duraderos de lo que son ahora. ¿Te parecen poco los consuelos de Dios? Ah, ¡tienes motivos para avergonzarte de que las ordenanzas de Dios, en cuanto a sus efectos vigorizantes y reconfortantes, dejen una impresión tan ligera y pasajera en tu corazón!

Ahora, lector, considera bien estos beneficios especiales de guardar el corazón que te he mencionado. Examina su importancia. ¿Son cosas pequeñas? ¿Es un asunto menor que tu comprensión sea ayudada por esto? ¿Tu alma en peligro está a salvo? ¿Tu sinceridad, probada? ¿Tu comunión con Dios, endulzada? ¿Tu corazón está lleno de cosas por las que orar? ¿Es poca cosa tener el poder de vivir la fe? ¿La eliminación de todos los escándalos fatales? ¿La aptitud instrumental recibida para servir a Cristo? ¿La comunión de los cristianos restaurada a su gloria primitiva? ¿La influencia de las ordenanzas que permanecen en las almas de los cristianos? Si estas no son bendiciones comunes, ni beneficios ordinarios, entonces seguramente es un deber grande e indispensable guardar el corazón con toda diligencia.

Finalmente: ¿Estás ahora dispuesto a emprender la tarea de guardar tu corazón? ¿Estás decidido a ello? Te recomiendo, entonces, ¡que te comprometas seriamente! Echa fuera todo sentimiento de cobardía. Decídete a enfrentar las dificultades. Saca tu armadura de la Palabra de Dios. *Que la palabra de Cristo habite en abundancia en ustedes* en sus mandamientos, sus promesas, sus amenazas. Que la Palabra de Cristo quede fijada en tu entendimiento, en tu memoria, en tu conciencia, en tus afectos. Debes aprender a blandir *la espada del Espíritu, que es la Palabra de Dios,* con familiaridad si quieres defender tu corazón y conquistar a tus enemigos. Debes llamarte frecuentemente a rendir cuentas. Examínate a ti mismo como en la presencia del Dios que todo lo ve. Lleva tu conciencia, por así decirlo, ante el tribunal del juicio. Cuidado con cómo te sumerges en una multiplicidad de asuntos mundanos, cómo practicas las máximas del mundo y cómo te atreves a complacer tus depravadas inclinaciones. Debes ejercer la máxima vigilancia para descubrir y comprobar los primeros síntomas de que te alejas de Dios, del menor declive de la espiritualidad o la menor indisposición a la meditación por ti mismo y a la santa conversación y comunión con los demás. Estas cosas debes emprender, en la fuerza de Cristo, con resolución invencible desde el principio.

Si te dedicas a esta gran obra de esta manera, ¡ten la seguridad de que no gastarás tus fuerzas en vano! Habrá consuelos que nunca sentiste o pensaste que se derramarán sobre ti desde todos lados. El ejercicio diligente de esta tarea te proporcionará constantemente los estímulos más poderosos para la vigilancia y el celo en la vida de fe, al tiempo de aumentar tus fuerzas y desgastar a tus enemigos. Y cuando hayas guardado tu corazón con toda diligencia por algún tiempo, cuando hayas peleado las batallas de esta guerra espiritual, hayas obtenido el dominio sobre las corrupciones internas y hayas vencido a los enemigos externos, entonces Dios te abrirá las puertas del Cielo y te dará la porción prometida a los que venzan. Despierta entonces, en este momento. Pon el mundo bajo tus pies; ¡no desees las cosas que el hombre puede poseer y por las que puede perder eternamente su alma! Bendice a Dios para que puedas servirle aquí y recibir la gloria que Él asigna a sus elegidos en el futuro.

> *Y el Dios de paz, que resucitó de entre los muertos a Jesús nuestro Señor, el gran Pastor de las ovejas mediante la sangre del pacto eterno, los haga aptos en toda obra buena para hacer Su voluntad, obrando Él en nosotros lo que es agradable delante de Él mediante Jesucristo, a quien sea la gloria por los siglos de los siglos. Amén.*

John Flavel: una breve biografía

John Flavel, el hijo mayor de Richard Flavel, nació alrededor de 1627 en Bromsgrove, Worcestershire, Inglaterra. Pasó su infancia en los años de disturbios que condujeron a las Guerras Civiles Inglesas, también llamadas la Gran Rebelión (1642-1651). Los combates que tuvieron lugar en ese momento fueron entre partidarios de la monarquía de Carlos I (y su hijo y sucesor, Carlos II) y grupos opositores en cada uno de los reinados de ambos.

Flavel trabajó como encargado administrativo en el University College de Oxford a cambio de ayuda con la matrícula. El 27 de abril de 1650 ingresó al ministerio y fue enviado a Diptford, una parroquia en Avon, donde el ministro, el Sr. Walplate, había enfermado. El 17 de octubre de 1650, después de un examen y de predicar un sermón de prueba, se celebró su ordenación como asistente del Sr. Walplate. Después de ministrar durante unos seis años en Diptford, Flavel sucedió al Sr. Walplate cuando este murió. Se ganó el cariño de los feligreses de Diptford por lo fervoroso que era y la facilidad con la que trataba con ellos con respecto a su diezmo.

En 1656 se mudó a Dartmouth y comenzó a predicar allí, pero fue despedido tras la aprobación de la Ley de Uniformidad (1662). Sin embargo, continuó predicando en privado hasta que la Ley de las Cinco Millas lo obligó a abandonar Dartmouth. Luego fue a Slapton, a cinco millas de distancia, y predicó allí. Después de que se le concedió la indulgencia de 1671, Flavel regresó a Dartmouth, a pesar de que le dijeron que no lo hiciera, y predicó allí.

Más tarde, Flavel se mudó a Londres viajando por mar, y escapó por poco a un naufragio. La disipación de la tormenta se atribuyó a las fervientes oraciones de Flavel. Luego, Flavel se unió a la congregación dirigida por su amigo William Jenkyn. Flavel casi fue arrestado cuando aprehendieron a Jenkyn en septiembre de 1684. Flavel rechazó la invitación para suceder a Jenkyn y regresó a Dartmouth. Flavel regresó a Dartmouth nuevamente, pensando que allí estaría más seguro.

Sin embargo, mientras estaba en Dartmouth, quemaron una efigie que lo representaba. A pesar de todos los peligros que rodeaban a Flavel, continuó con su ministerio. Se reunía con gente todas las noches en su casa y en muchos lugares inverosímiles. Al final, sus amigos le construyeron un centro de reuniones en 1687, cuando se relajaron las leyes penales.

Durante la Revolución Gloriosa, Guillermo de Orange ascendió al poder y Jaime II huyó. En ese momento, el trabajo ministerial de Flavel estaba llegando a su fin. Mientras visitaba y predicaba en Exeter, murió repentinamente de un derrame cerebral masivo el 26 de junio de 1691. Flavel fue enterrado en el cementerio de Dartmouth.

Flavel se casó cuatro veces. Su primer matrimonio fue con Jane Randal, quien murió en 1655 mientras daba a luz a su primer hijo, que también falleció. Tras un año de luto, se casó con Elizabeth Stapell. Fueron bendecidos con niños. Elizabeth murió alrededor del año 1673. Flavel luego se casó con Ann Downe, la hija de un ministro. Tuvieron dos hijos. Ann murió alrededor de 1684. Habiendo enviudado, Flavel se casó con Dorothy Jeffries, una hija viuda de George Jeffries. Dorothy sobrevivió a John Flavel.

Flavel fue un autor prolífico y popular. Escribió más de 100 libros. A finales de la década de 1670 y principios de la de 1680, Flavel ministró principalmente a través de sus escritos, publicando al menos nueve libros durante este período.

Fuentes:

"John Flavel", Wikipedia, actualizado el 8 de octubre de 2021, *https://en.wikipedia.org/wiki/ John_Flavel* (en inglés).

"John Flavel", Banner of Truth, Copyright 2021, *https://banneroftruth.org/us/about/banner-authors/john-flavel/* (en inglés).

"John Flavel (1628–1691)", extracto del libro *Conoce a los puritanos,* de Dr. Joel Beeke y Randall J. Pederson, *https://www.monergism.com/the-threshold/articles/onsite/meetthepuritans/johnflavel.html*

También Por Aneko Press

Jesús Vino Para Salvar a los Pecadores, por Charles H. Spurgeon

Jesús vino a salvar a Pecadores es una conversación de corazón a corazón con el lector. A través de sus páginas, se examina y se trata debidamente cada excusa, cada razón y cada obstáculo para no aceptar a Cristo. Si crees que eres demasiado malo, o si tal vez eres realmente malo y pecas abiertamente o a puerta cerrada, descubrirás que la vida en Cristo también es para ti. Puedes rechazar el mensaje de salvación por la fe, o puedes elegir vivir una vida de pecado después de decir que profesas la fe en Cristo, pero no puedes cambiar la verdad de Dios tal como es, ni para ti ni para los demás. Este libro te lleva al punto de decisión, te corresponde a ti y a tu familia abrazar la verdad, reclamarla como propia y ser genuinamente liberado para ahora y para la eternidad. Ven, y abraza este regalo gratuito de Dios, y vive una vida victoriosa para Él.

Disponible donde se venden libros

La Vida Vencedora, **por Dwight L. Moody**

¿Eres de los que vencen? ¿O hay pequeños pecados que te acosan y te derrotan? O peor, ¿fallas en tu anduviera cristiano porque te niegas a admitirlos y ocuparte de ellos? Ningún cristiano puede darse el lujo de desoír el llamado a vencer. El costo terrenal es menor. Pero la recompensa eterna es inconmensurable.

Dwight L. Moody es un maestro en esto de desenterrar lo que nos perturba. Utiliza relatos y sentido del humor para sacar a la luz los principios esenciales de la vida cristiana exitosa. Nos muestra cada uno de los aspectos de la victoria desde un ángulo práctico y fácil de entender. La solución que Moody presenta para nuestros problemas no es la religión, ni las reglas, ni las correcciones externas. Más bien, nos lleva al corazón del asunto y prescribe remedios bíblicos, dados por Dios, para la vida de todo cristiano. Prepárate para vivir en auténtica victoria en el presente, y en el gozo para la eternidad.

Disponible donde se venden libros

Arrepentimiento, por J. C. Ryle

Es la indiferencia que ignora a la gente y la permite salir por su cuenta. Es el amor, tierno amor que los advierte y que da el grito de alarma. El grito de "¡Fuego, fuego!" en la medianoche, aunque parezca brusco, áspero y desagradable, si sobresalta a una persona de su sueño, ¿quién se quejaría si el grito sirviera para salvarle la vida? A primera vista, las palabras si ustedes no se arrepienten, todos perecerán igualmente puedan parecer duras y severas, mas en realidad son palabras de amor, y podrían ser el medio de librar almas preciosas del infierno. Este libro corto por J. C. Ryle averigua los siguientes tres temas importantes.

1. La esencia del arrepentimiento: ¿Qué es?

2. La necesidad del arrepentimiento: ¿Por qué se necesita?

3. Lo que anima uno a arrepentirse: ¿Qué es lo que conduce a la gente a arrepentirse?

Disponible donde se venden libros